AF260338

SUR

LES ÉVÉNEMENS DE LYON,

AU MOIS DE JUIN 1817.

SUR

LES ÉVÉNEMENS

DE LYON,

AU MOIS DE JUIN 1817.

PAR

M. LE COMTE DE CHABROL,

ANCIEN PRÉFET DU RHÔNE.

PARIS,

ADRIEN ÉGRON, IMPRIMEUR
DE S. A. R. MONSEIGNEUR, DUC D'ANGOULÊME,
RUE DES NOYERS, N° 37.

1818.

SUR

LES ÉVÉNEMENS

DE LYON,

AU MOIS DE JUIN 1817.

———

Un écrit ayant pour titre : *De Lyon, en 1817*, vient de paraître. Il a été distribué avec une scandaleuse profusion.

Rédigé et signé par un officier qui est attaché depuis long-temps à un homme élevé en dignité, lequel a rempli dans cette ville une mission importante, il donne un caractère plus imposant aux allégations qui y sont contenues, parce qu'il les présente comme avouées, en quelque sorte, par lui.

Ces allégations sont de la nature la plus grave, et telles que, si elles étaient vraies, le fonctionnaire qui a rempli cette mission, serait inexcusable de ne pas les avoir déférées à l'autorité.

Elles signalent tous les fonctionnaires de la seconde ville du Royaume, comme ayant formé une coupable coalition pour tromper le Gouvernement, égarer son opinion sur les faits, feindre des conspirations sans y croire; autoriser les abus les plus révoltans ; ne rien faire, au moins, pour les prévenir, ou les arrêter.

Elles accusent les tribunaux, les cours même de s'être associés à leurs fureurs, et d'avoir consommé, au nom des lois, ce mystère d'iniquité.

Certes, si une pareille coalition avait pu se former, il n'est pas d'époque, même dans le cours de notre funeste révolution, où l'esprit de parti eût été marqué par des excès plus criminels.

Et cependant ces mêmes hommes ont reçu et reçoivent encore des témoignages de confiance de leurs concitoyens, qui, après des événemens qui se sont passés sous leurs yeux, ont donné à l'un de ceux qui prend la plus grande part de cette terrible responsabilité, les plus honorables suffrages.

Quel est donc le sort de fonctionnaires dévoués, qui, dans des circonstances plus ou moins graves, ont donné la mesure de leur conduite, de leurs principes et de leur caractère, de se voir traduits au tribunal de l'opinion, pour des allégations dont la plupart exigeraient, pour être détruites, des pièces qui sont toujours prêtes dans les mains de ceux qui attaquent, qui le sont si rarement dans les mains de ceux qui ont à se défendre, et qui, se reposant sur leurs souvenirs et sur des témoignages flatteurs d'approbation, se voient condamnés à laisser un intervalle nécessaire entre l'attaque et la défense?

Quel est le but de ceux qui, n'ayant à rendre compte qu'au Roi ou à ses ministres, de la mission qu'ils ont reçue, ne croient pas pouvoir se reposer sur leur sagesse, et portent au tribunal de l'opinion une cause qu'elle a si peu de moyens de juger avec équité et impartialité?

Quel est enfin ce scandaleux débat, dont le résultat doit être également pénible et pour ceux qui attaquent et pour ceux qui se défendent, puisque l'esprit de parti ne peut manquer de s'en emparer; qu'on ne raisonne point avec lui, et que ses jugemens se forment bien moins d'après la discussion éclairée des faits, que d'après des opinions ou des préventions préexistantes?

Telles sont les réflexions qu'ont déjà faites, sans doute, les hommes sages et impartiaux, et ceux pour lesquels les souvenirs du passé sont quelque chose, et ceux pour lesquels les calculs de l'avenir sont tout.

Je ne refuse, pour ma part, aucune responsabilité; et si, dans ces graves allégations, il y a des choses qui me concernent, je la provoque tout entière. Ce n'est pas seulement la justice des hommes, c'est encore celle des lois que je réclame. Je solliciterai moi-même toutes les épreuves qui pourront être nécessaires.

Quoique je ne sois pas personnellement désigné dans cet écrit, il serait peu noble à moi de n'y pas prendre ma part; et si ceux qui se sont permis de le publier et de le répandre, ont pensé que ma position me commandait quelques égards, qu'ils sachent que la première de toutes les considérations pour un homme qui se respecte, est celle de sa réputation et de son honneur.

« Je dois sans doute au Roi le sacrifice de ma vie « et de ma fortune. Je ne dois à personne celui de « ma réputation : je l'ai reçue pure de mes pères ; je « la transmettrai pure à mes enfans. »

Voilà ce que j'écrivais à un ministre fait pour entendre et apprécier un tel langage, dans un moment où je voyais déjà s'ourdir, sous mes yeux, les noires intrigues qui se développent aujourd'hui.

Je pourrais sans doute être rassuré par le témoignage d'une conscience toujours tranquille, et par des souvenirs sur lesquels je pourrai me reporter sans crainte.

Je pourrais également me réclamer des témoignages flatteurs d'approbation que mes compatriotes n'ont pas été seuls à me rendre.

Mais si ces témoignages suffisent à la conscience de l'honnête homme, ils ne suffisent pas à l'honneur de l'homme public. Une certaine susceptibilité lui est permise. Malheur à qui pourrait la blâmer, ou ne pas l'éprouver pour lui-même !

C'est donc par ce motif que je me vois forcé à répondre publiquement à une attaque publique; et puisque la sagesse du Gouvernement qui a cru devoir garder le silence depuis sept mois, n'a pu être entendue; je suis réduit à réclamer de l'opinion des hommes sages et impartiaux, une justice que je ne pourrais attendre des lois, puisque le vague de l'accusation deviendrait la garantie et l'impunité de l'accusateur.

Ce n'est pas pour éclairer la religion des ministres du Roi que j'écris : ma correspondance est sous leurs yeux. C'est par elle qu'ils ont pu m'apprécier et me juger. Il m'est permis de croire qu'ils y ont toujours trouvé ce noble caractère de franchise, également honorable et pour l'autorité relevée qui la permet, et pour l'autorité subordonnée qui s'y livre avec confiance.

Mais je dois rectifier l'opinion sur les faits, parce qu'il importe qu'elle les connaisse et qu'elle les apprécie.

J'eusse rempli ce devoir plus tôt, si la nécessité de me procurer quelques renseignemens sur des faits particuliers; et si, d'ailleurs, le cours habituel de mes occupations me l'eussent permis.

Une insurrection a eu lieu le 8 juin dernier, dans

plusieurs communes des environs de Lyon ; née à six heures du soir, elle était partout comprimée le lendemain au point du jour. Plusieurs coupables ont été arrêtés et livrés aux tribunaux ; d'autres ont pris la fuite, et ont été condamnés par contumace. La suite de l'instruction a fait reconnaître des chefs d'un ordre un peu plus relevé. Leurs indications ont donné lieu de penser qu'il y avait au-dessus d'eux des hommes dont ils recevaient la direction. Mais ces chefs, s'ils existent, sont restés dans l'ombre, et on n'a pu ni les connaître ni les saisir.

Plusieurs de ceux qui ont figuré dans ces derniers événemens, n'étaient point étrangers à des intrigues politiques dont la police tenait les fils depuis plusieurs mois. Il résulte même de quelques déclarations, qu'ils ne l'étaient point à un projet de mouvement qui avait été tenté à Lyon, dix-huit mois auparavant, au mois de janvier 1816.

C'était dans le moment où la population des campagnes, tourmentée par le haut prix des subsistances, était plus disposée à se laisser aller à des insinuations coupables. A cette même époque, et sur divers points de la France, des émeutes partielles avaient lieu ; éparses à la vérité, et sans couleur décidée, mais assez graves pour exiger l'envoi, sur plusieurs points, de troupes régulières.

La couleur des événemens qui se sont passés dans le département du Rhône était moins équivoque. La

cherté des subsistances n'était pas même mise en
avant, comme prétexte. La proclamation du fils de
l'usurpateur ; la substitution des couleurs de la révolution à celle des lys ; la réinstallation, sur quelques
points, des autorités de l'interrègne : tels sont les
principaux faits qui en ont déterminé la nature et le
caractère.

Des procès-verbaux, dressés par les autorités com-
pétentes, et transmis au Gouvernement, attestent
que dans douze communes, groupées au nombre de
cinq à six, sur des points distans de deux lieues les
uns des autres, l'insurrection s'est manifestée. La
correspondance avec les maires a établi que le mouvement se serait propagé dans quelques autres communes, sans la fermeté des magistrats, et les mesures
concertées d'avance par l'autorité supérieure.

Avant d'entrer dans le détail des faits, il n'est
pas inutile de jeter un coup d'œil sur la situation
politique de la ville de Lyon, du sein de laquelle les
mouvemens paraissent avoir été dirigés, si on doit
en croire aux erremens de la procédure.

La ville de Lyon comprend, avec ses faubourgs,
une population de 150,000 âmes. Dans cette population, on compte plus de 50,000 ouvriers. La diminution du travail, et la réduction du prix des salaires
plaçait cette population dans une position pénible, et
qui exigeait toute la surveillance de l'autorité. Le
nombre des pauvres portés sur les états des co-

mités de bienfaisance, s'élevait à environ 17,000.

Elle a néanmoins, et c'est une justice que je me plais à lui rendre, supporté, avec calme et résignation, des privations pénibles pendant six mois d'un hiver difficile, dans le cours duquel le prix du pain s'était élevé au double de ce qu'il est dans des temps ordinaires.

Sa garde nationale s'est montrée ferme et dévouée dans toutes les circonstances. C'est un hommage que je lui dois. Elle en a donné des preuves dans différentes occasions ; elle en donnerait encore si de nouvelles circonstances mettaient son zèle à cette épreuve.

La masse de ses habitans est animée d'un très-bon esprit ; et il est doux pour celui qui en a eu long-temps l'administration, de lui rendre ce témoignage.

Mais il y a là, comme ailleurs, de ces esprits inquiets et remuans, toujours avides de nouveautés et de changemens, et disposés à prendre, dans les mouvemens politiques, plus de part que leur position ne semblerait le leur permettre.

Il y a aussi une population cosmopolite d'hommes qui, étrangers à la cité, y sont appelés de tous les points de la France par leur industrie et leur commerce, et qui ne peuvent avoir ces idées de fixité et de stabilité qui appartiennent à l'homme ayant un domicile, une patrie, une cité.

Cette distinction essentielle à établir entre la véritable population lyonnaise et sa population cosmopolite, expliquera sans doute, et repoussera aux yeux des hommes qui réfléchissent, les reproches hasardés, dont cette ville a été l'objet, et que tous les historiens qui ont écrit sur les événemens de l'interrègne, se sont plu à reproduire avec une sévérité qui n'a pas été toujours guidée par l'impartialité et par la justice.

C'est par là qu'on expliquera encore les causes de cette fédération des cent jours, qui comptait un si grand nombre d'affidés, et qui avait envoyé dans tous les départemens voisins des députés pour y établir ou y chercher des affiliations.

On sait qu'elle eut assez de pouvoir pour retarder jusqu'au 17 juillet 1815, la soumission de la ville de Lyon, et pour comprimer l'élan d'une population qui ne tarda pas à se livrer à ses sentimens naturels, du moment où il lui fut possible de s'y abandonner.

Mais si les hommes que j'ai signalés perdirent alors leur audace, ils ne perdirent pas toute leur influence. Ceux qui ont habité Lyon, sur la fin de 1815, savent combien de fois il dépendit d'eux de produire, dans les campagnes, une vive agitation, et de répandre, dans la ville même, des inquiétudes qui, presque toujours, furent dénuées de fondement.

Toute la correspondance de l'administration et de

la police, qui se trouve dans les cartons du ministère, pourrait en fournir des preuves au besoin.

On n'a pas oublié, en effet, les alarmes qui si souvent se répandirent dans toute la France, et même à Paris, sur la situation de la ville de Lyon, et qui, répétées de tant de points, venaient retentir, par tant d'avis différens, dans une ville étonnée des inquiétudes dont elle était l'objet, tandis qu'elle en avait si peu pour elle-même.

Cette réaction de quelques esprits inquiets de la ville sur les campagnes, s'est fait remarquer à plusieurs époques. Ma correspondance, au mois d'octobre 1815, au mois de janvier, et au mois de mars 1816, au mois de février et de mars 1817, en a instruit le Gouvernement.

Il a été bien reconnu qu'au mois de janvier 1816, l'agitation des campagnes se liait à des intrigues politiques dans la ville. Une procédure solennelle a fait connaître quels en étaient les auteurs ou les complices. Les sieurs Rosset, manufacturier; Montain, chirurgien distingué dans son état; Lavalette, ancien receveur-général, furent condamnés à la déportation, et la procédure a fait connaître que Didier était venu concerter avec eux, à cette époque, le mouvement qu'il tenta plus tard dans le département de l'Isère.

Vers la fin de janvier 1817, l'autorité fut prévenue de manœuvres coupables, d'enrôlemens, de distri-

bution de cartes et d'emplois, et de signes de rallie-
ment. Près de trente prévenus furent arrêtés par les
soins du magistrat chargé de la police. Les interrogatoires subis par le nommé Chambouvet, révé-
lèrent des projets qui parurent tellement absurdes et
tellement au-dessus des moyens de ces conspirateurs
subalternes, qu'on fut tenté de n'y voir qu'un nouveau genre d'escroquerie. Cette affaire, suivie avec
soin par le lieutenant de police, fut rapportée à la
préfecture, dans un comité où se trouvaient réu-
nies les principales autorités civiles, administratives,
judiciaires et militaires. Le tribunal de première ins-
tance en fut saisi par voie de police correctionnelle.

A peu près à la même époque, et vers la fin du
mois de mai, il fut saisi, par le lieutenant de police,
des fusils chez un nommé Granger de Saint-Ram-
bert. Ils y étaient déposés par les soins du nommé
Cormeau, ex - capitaine de l'ex - garde, que **M.** le
lieutenant de police faisait suivre depuis quelque
temps.

C'est une chose remarquable, que les déclarations
faites par les prévenus dans l'affaire du 8 juin, se
rapportent, sur beaucoup de points, à celles de
Chambouvet, dont la police avait suivi les traces
pendant près de quatre mois.

Étonné de cette suite d'intrigues, et pénétré de la
nécessité de concentrer tous les renseignemens dans
une police unique, j'avais formé, dès le mois de

mars, un comité qui se réunissait à la Préfecture, et qui se composait du général commandant la division, du lieutenant de police, du maire et du procureur-général. Indépendamment de ce comité, le lieutenant de police venait tous les jours conférer avec moi sur l'état de la ville et du département.

J'ai pu sans doute rappeler sans inconvénient les faits qui précèdent, puisqu'ils ont été l'objet d'une procédure publique dont les journaux ont rendu compte, et que par des arrêts de la cour d'assises les accusés ont été condamnés aux peines portées par les lois.

Dès la fin du mois de mai, j'avais été prévenu qu'une certaine inquiétude s'était répandue dans les communes avoisinant le Rhône. Ces inquiétudes, quoique vagues, me parurent cependant assez graves pour me déterminer à demander au lieutenant général Canuel un détachement de trente chasseurs, qui se rendit à Condrieu, à Saint-Romain et à Givors, y séjourna quelques jours, et revint ensuite à Lyon, après avoir établi la tranquillité dans ce canton par cette simple démonstration.

A cette époque, une inquiétude indéfinissable s'était répandue dans la ville. On parlait de réunions, de complots, de mouvemens : on citait même le jour, et ce jour devait être le dimanche 2 juin.

Accoutumé depuis long-temps à voir de pareils

bruits se propager et tomber rapidement pour renaître encore, je pensai que cet état de choses pouvait mériter de la surveillance; mais je crus en même temps qu'il fallait éviter toutes ces démonstrations publiques qui, en révélant les craintes de l'autorité, les propagent au loin, et font naître les dangers qu'elles tendent à prévenir.

Cette situation, sans être inquiétante, méritait cependant quelque attention. Le blé venait d'éprouver tout d'un coup une hausse considérable : la farine était montée presque subitement de 46 à 64 fr. le quintal ; ce qui la portait à plus de 220 fr. le sac de Paris. Le pain était à onze sous la livre dans le département : il était à un prix fort inférieur dans la ville ; mais les sacrifices qu'exigeait cet état de choses devenaient effrayans. L'autorité craignait d'être forcée à augmenter le prix du pain ; et tous les rapports de police s'accordaient à présenter cette épreuve comme pouvant devenir extrêmement critique. Cependant aucun symptôme extérieur n'annonçait de dispositions à un mouvement.

J'avais fixé au premier juin un voyage que je devais faire, de concert avec le préfet de la Loire, pour visiter le canal de Givors, commun aux deux départemens ; mais les inquiétudes qui s'étaient répandues, toutes vagues qu'elles étaient, et le départ annoncé de M. le lieutenant de police pour Paris, où l'appelaient des affaires pressantes, me firent penser qu'il pourrait y avoir de l'inconvénient à m'absenter, même pour deux jours. Je crus donc devoir ajourner mon voyage : le procureur-général en fit autant par les mêmes motifs.

Une lettre que je reçus du maire de Givors, ce même jour premier juin, m'annonça qu'il y avait dans les communes qui avoisinent le Rhône une vive agitation. Il me signalait quelques individus comme ayant fait des courses suspectes dans différentes communes. Cette nouvelle indication méritait de l'attention; mais elle ne nécessitait pas de mesures : elle était du genre de celles qui se succédaient depuis si long-temps avec un caractère plus ou moins vague, et qui si souvent s'étaient trouvées sans fondement.

Le 3 juin, les rapports devinrent plus précis et plus inquiétans.

Une lettre du sous-préfet de Trévoux, département de l'Ain, m'annonça qu'il y avait eu le 2 juin, sur les bords de la Saône, un rassemblement dans la prairie de la Serandière. Une lettre du procureur du Roi de cette ville à M. le procureur-général annonçait les mêmes faits.

Ce même jour, des lettres des maires de Brignais, de Givors, de Millery, de Saint-Genis-Laval, m'annoncèrent des courses suspectes faites dans diverses communes. On citait les nommés Oudin, Conin et Lyandras, comme étant les auteurs et les propagateurs de faux bruits.

Une lettre du maire de Savigny et du curé de Saint-Marcilly-d'Azergues me porta les mêmes détails sur Garlon. Je donnai l'ordre à la gendarmerie d'arrêter ces quatre individus, en vertu de la loi du 8 novembre, et je prévins en même temps le ministre, que ne pouvant, aux termes de la loi, recourir à un arrêté du conseil des ministres, « je « prenais sous ma responsabilité une mesure que, « dans tout autre circonstance, j'eusse regardée « comme illégale, parce qu'il n'y avait encore que « des suspicions et point de preuves. »

Ces quatre individus s'étant absentés de leur domicile, ne purent être saisis par la gendarmerie; mais on les vit, le dimanche suivant, à la tête du mouvement dans leurs diverses communes.

Je pris alors, sous la date du 3 juin, un arrêté contenant des dispositions sévères. Je l'envoyai aux maires avec une lettre où je réclamais toute leur surveillance. Cet arrêté fut immédiatement affiché dans toutes les communes du département. Lecture en fut faite à haute voix, à l'issue de la messe paroissiale, le dimanche suivant; et, si je dois m'en rapporter à la correspondance des maires, à cette époque, il a prévenu, dans différentes communes, des mouvemens que beaucoup de symptômes annonçaient prêts à s'y développer.

Je joins ici cette lettre et cet arrêté.

Lettre de M. le Préfet du département du Rhône à MM. les Maires de ce département.

Lyon, le 3 juin 1817.

Monsieur le maire, des avis qui me reviennent de divers points, m'annoncent que des malveillans, que toute la bonté du Gouvernement n'a pu ramener, et qui ne respirent que le désordre et le pillage, parcourent les campagnes, en propageant les bruits les plus alarmans et les plus dénués de fondement.

Habiles à profiter de la crédulité des bons habitans des campagnes, ils sèment sur leurs pas les craintes et les inquiétudes, dans l'espérance de profiter pour eux seuls des troubles qu'ils voudraient faire naître.

L'autorité a les yeux ouverts sur leurs manœuvres; elle les connaît, elle les suit pas à pas; elle saura les déjouer : elle a également la force nécessaire pour les punir.

Votre devoir, M. le maire, est de la tenir régulièrement instruite de tout ce qui pourrait arriver à votre connaissance, et qui serait de nature à atténuer la tranquillité dont nous jouissons.

Redoublez, Monsieur, votre surveillance, et que partout où ces agitateurs oseraient se montrer, ils soient immédiatement arrêtés et traduits devant les tribunaux.

Surveillez avec soin tous les étrangers, les gens sans aveu, ou les vagabonds. Surveillez également ceux qui cherchent à surprendre la crédulité des habitans de la campagne, en répandant des bruits auxquels ils ne croient pas eux-mêmes, et qui n'ont aucune espèce de fondement.

Dites aux habitans de la campagne que j'attends d'eux le même calme et la même tranquillité dont ils ont joui jusqu'à ce moment. Mais dites-leur aussi que si elle venait à être troublée, la punition serait aussi prompte que sévère.

Je vous adresse, Monsieur, une expédition de l'arrêté que j'ai pris sous la date de ce jour. Vous voudrez bien le faire afficher dans votre commune, et en faire la lecture à haute voix, à l'issue de la messe paroissiale, pendant trois dimanches.

Je me repose, Monsieur, sur votre zèle ordinaire, du soin de me prévenir immédiatement de ce qui pourrait avoir lieu dans votre commune ; concertez-vous entre vous, et que quelques misérables, qui ne veulent que trouble et que désordre, trouvent partout une surveillance à laquelle ils ne puissent se dérober.

Recevez, etc.

Signé comte CHABROL.

(Suit l'arrêté.)

« Le Conseiller-d'Etat, Préfet du Rhône;

« Vu les avis qui lui ont été transmis de divers points, desquels il résulte que des malveillans parcourent les campagnes et cherchent à égarer leurs crédules habitans, en y propageant des nouvelles sinistres et des bruits alarmans qui n'ont aucune espèce de fondement;

« Considérant qu'autant la loi doit protéger l'habitant paisible, autant elle doit sévir contre ceux qui se livrent à des manœuvres criminelles;

« Vu l'article 8 de la loi du 9 novembre 1815, ainsi conçu :

« Sont coupables d'actes séditieux toutes per-
« sonnes qui répandraient ou accréditeraient soit
« des alarmes touchant l'inviolabilité des propriétés
« qu'on appelle *nationales*, soit des bruits d'un pré-
« tendu rétablissement des dîmes ou des droits féo-
« daux, soit des nouvelles tendant à alarmer les
« citoyens sur le maintien de l'autorité légitime, et
« à ébranler leur fidélité; »

« Arrête :

Art. 1er. « Les maires et adjoints chargés de la police, feront arrêter immédiatement tous ceux qui répandraient des bruits alarmans ou des nouvelles tendant à troubler la tranquillité publique. Ils les feront traduire devant le procureur du Roi, pour leur procès leur être fait suivant toute la rigueur des lois.

Art. 2. « Les maires ou adjoints, et officiers ou sous-officiers de gendarmerie, exerceront une surveillance extraordinaire sur les étrangers, gens sans aveu ou vagabonds, qui seraient rencontrés dans les campagnes.

Art. 3. « Ils exerceront la même surveillance sur les cabarets et les auberges, et notifieront aux aubergistes les dispositions de notre arrêté en date du 17 mars 1816, qui les rend personnellement responsables des faits ou mauvais propos qui pourraient avoir lieu chez eux, dans le cas où ils n'en rendraient pas immédiatement compte à l'autorité compétente.

Art. 4. « Les mesures de police qui prescrivent la clôture des cabarets, cafés et autres lieux publics, à neuf heures du soir, continueront d'être exécutées selon leur forme et teneur. Les contrevenans seront saisis, et traduits, soit à la police municipale, soit à la police correctionnelle, suivant l'exigeance des cas.

Art. 5. « Dans le cas où le bon ordre viendrait à être troublé dans une commune, il y sera envoyé immédiatement une force armée, qui y restera aux frais des contrevenans, jusqu'à parfait rétablissement de l'ordre.

Art. 6. « MM. les maires, ou en leur absence leurs adjoints, nous préviendront de suite, même par voie extraordinaire, de tous les événemens qui seraient de nature à troubler la tranquillité de leur commune.

- Art. 7. « MM. les sous-préfets, maires, adjoints, et officiers de gendarmerie, sont chargés de l'exécution du présent arrêté, qui sera affiché dans toutes les communes du département, et lu à haute voix par le soin des maires, à l'issue de la messe paroissiale, pendant trois dimanches consécutifs.

« *Signé*, comte CHABROL. »

Lyon, le 3 juin 1817.

J'invitai le même jour M. le prévôt et son assesseur à se transporter à Quincieux et Ambérieux, où il y avait eu un mouvement le 2 juin. Je les fis accompagner par un détachement de quarante hommes de ma compagnie départementale, et par quelques gendarmes. M. le lieutenant-général y joignit quelques chasseurs (1).

Je déléguai un conseiller de préfecture pour accompagner lui-même ce détachement, et je lui donnai des pouvoirs pour opérer un désarmement dans les deux communes.

Le sous-préfet de Trévoux, ainsi que le procureur du roi de cette ville, faisaient arrêter dans le même

______

(1) Depuis le départ de M. le comte Roger de Damas, gouverneur de la 19ᵉ division militaire, qui avait eu lieu au mois de septembre 1816, le commandement supérieur de la division avait été remis à M. le lieutenant-général Canuel.

moment les nommés Valenceot, Tavernier, et quelques autres individus de cette ville ou des environs, et les remettaient entre les mains du prévôt. Il résulte de leur interrogatoire et de l'instruction que leur projet était de faire un mouvement d'insurrection, de se réunir sur Anse, pour de là se porter à Lyon, y déplacer les autorités, et changer la forme du gouvernement.

On apprit par la même procédure que Garlon devait faire tirer sur le mont Cindre une boîte qui aurait servi de signal.

Le samedi suivant, 7 juin, prévenu qu'on parlait dans les campagnes d'un mouvement comme prochain, je fis porter à Limonest, point important parce qu'il commande toute la plaine du Beaujolais, un nouveau détachement de ma compagnie de réserve. Le commandant avait ordre de se mettre en communication avec un détachement de trente chasseurs casernés habituellement à Villefranche.

Le dimanche matin j'envoyai sur ce même point un renfort de douze gendarmes, et je dirigeai sur la tour de Salvagny, petite ville sur la route du Bourbonnais, le surplus de ma compagnie, avec ordre de se porter sur l'Arbrêle, et de se mettre en relation avec un détachement de chasseurs qui depuis longtemps était à Tarare pour l'escorte des malles et des diligences : Tarare est à quatre lieues de l'Arbrêle.

Ces dispositions avaient pour objet d'occuper les

routes du Bourbonnais et de la Bourgogne, et de couper toute communication dans le cas où le mouvement viendrait à éclater ou à s'étendre : elles avaient été concertées avec le général commandant la division.

La proximité de Saint-Genis-Laval et de Brignais permettait d'y porter de suite de la ville un détachement de cavalerie, dans le cas où il s'y manifesterait quelques mouvemens.

Toutes ces mesures n'étaient que de simple précaution ; car rien n'annonçait que le mouvement eût lieu. On se refusait encore à y croire ; et en effet, à diverses reprises, depuis deux années, des mouvemens de ce genre avaient été annoncés. Mais cette fois les circonstances étaient plus graves, à raison du haut prix des subsistances, et de l'état de misere de la moyenne population.

C'est dans ma correspondance même avec le Gouvernement, sous les dates des 3, 4, 5, 6, 7 et 8 juin, qu'il faut voir les motifs de ces mesures, et la sécurité où l'on était encore, tout en prenant des précautions pour n'être pas surpris.

Lyon, le 4 juin 1817.

Depuis plusieurs mois, le plus grand calme régnait dans les campagnes, et la cherté et l'embarras des circonstances n'avaient que peu réagi sur la population ; depuis trois jours cet état de choses a changé. Les nouvelles qui m'arrivent à

la fois de plusieurs points, m'annoncent une agitation extraordinaire, qui s'est fait sentir à la fois, et le même jour,
sur les points les plus éloignés les uns des autres.

Les nouvelles les plus absurdes ont été répandues simultanément : c'était une insurrection préparée à Lyon, qui
devait éclater dans la soirée du dimanche 2 juin, et qui devait être annoncée par un coup de canon. Partout dans les
campagnes, on a attendu avec anxiété ce coup de canon,
qui ne s'est point fait et ne se fera point entendre.

Les mêmes bruits qui circulaient dans nos campagnes, circulaient également dans celles de l'arrondissement de Trévoux, de Vienne et les départemens voisins. La correspondance du procureur-général lui a porté, le même jour, les
mêmes détails. Diverses manœuvres, déjà signalées à Votre
Excellence, annonçaient des projets de rassemblemens, de
formation de bandes, de réunion d'armes; le but des conjurés était l'égorgement et le pillage, comme l'année dernière,
à peu près à pareille époque. Il m'est impossible de ne pas
voir dans ces manœuvres, qui se présentent à la fois dans
plusieurs départemens, le résultat d'un plan concerté, dont
rien n'a pu faire reconnaître encore les premiers auteurs.
Les subalternes seuls ont été atteints à Lyon, comme à Bor-
deaux, et comme à Paris, etc......

L'extrême concordance de tous ces bruits, même dans
leurs plus minces détails, pourrait paraître alarmante, et
c'est elle au contraire qui me rassure. J'en conclus qu'ils ne
sont pas nés spontanément, et qu'ils ont été répandus par
des hommes à qui leur leçon a été faite ; mais l'agitation
qu'ils produisent dans l'opinion est plus fâcheuse qu'elle ne
l'a jamais été, à cause des circonstances qui pèsent aujour-

d'hui de tout leur poids sur la population. Nous sommes, du reste, prêts à tous les événemens, et nous avons la force nécessaire pour agir efficacement.

J'ai cru devoir recommander aux maires un redoublement de surveillance; j'ai fait imprimer et afficher de nouveau l'article de la loi du 12 novembre, qui est relative aux propagateurs de nouvelles alarmantes; j'ai donné des ordres pour que la plus grande surveillance fût exercée sur le visa des passe-ports, les étrangers et les vagabonds; j'ai recommandé d'arrêter et de traduire au procureur du Roi tous ceux qui colportent de pareils bruits. Quoiqu'il soit douteux qu'aucun d'eux puisse être condamné faute de preuves, ou plutôt de témoins, il en résultera toujours, pour eux, une détention que les formes de la procédure feront plus ou moins prolonger. J'ai annoncé que les communes où la tranquillité publique viendrait à être troublée de quelque manière que ce fût, recevraient immédiatement une garnison qui y resterait aux frais des habitans. Ces mesures, quand elles émanent de l'autorité supérieure, en imposent encore, et aujourd'hui il est nécessaire d'en imposer.

C'est dans cet état qu'il faut prévoir que le mois de juin se passera tout entier. Bientôt viendront les récoltes de fourrages, les moissons des seigles, les façons des vignes et les récoltes des blés. Quand le peuple sera occupé et que sa position aura changé, il est probable que ces bruits auront moins d'accès auprès de lui. Mais en attendant, il faut ôter de l'audace aux malveillans, rendre le courage aux gens timides, et on ne le peut que par un grand appareil de sévérité.

Du reste, la ville est calme; les embarras des subsistances

ne s'y font que légèrement apercevoir. Les sacrifices que nous faisons n'auront jamais été mieux employés; en garantissant la tranquillité de Lyon, ils assurent celle d'une grande partie de la France.

Je suis avec respect etc.

Lyon, le 5 juin 1817.

Les lettres qui m'arrivent de Givors, de Millery, de Brignais, de Villefranche et de Tarare, communes situées sur divers points du département, continuent à m'annoncer la même agitation, les mêmes projets, les mêmes espérances. Elles se réunissent toutes à désigner le 2 juin, dimanche, comme le jour où le signal avait été donné pour une insurrection générale, par suite de laquelle les campagnes devaient se porter sur Lyon, et égorger les prêtres, les nobles et les riches. Une lettre du sous-préfet de Trévoux m'annonce que ces mêmes bruits ont été répandus dans son arrondissement; que même il s'est formé un rassemblement qui a été dissipé, et qui annonçait les mêmes intentions. Trois individus arrêtés ont consigné dans leur interrogatoire des faits absolument conformes. Il est question, là comme ici, de formation de bandes, d'enrôlemens et de massacres.

La correspondance du général Canuel lui annonce que, ce même jour, un mouvement insurrectionnel s'est manifesté à Pont-du-Château, Lezoux et Thiers, sur la route de Clermont à Lyon. Le commandant du département de la Haute-Loire lui annonce les mêmes inquiétudes, pour le même jour.

Cette similitude de faits, d'époques et de circonstances ne laisse pas lieu de douter que les malveillans n'aient eu dos projets, s'ils n'ont point eu les moyens de les exécuter. Ils annoncent qu'après le massacre des royalistes, le pain sera mis à trois sous la livre, et que Bonaparte, en revenant, les récompensera largement de ce qu'ils auront fait pour lui.

Les rapports uniformes de la police de la ville m'apprennent que les gens connus par leur mauvaise opinion ont manifesté leur dépit de ce que, grâces aux mesures prises par l'administration, le pain n'a point été augmenté dans la ville. Il paraît qu'ils attendaient avec impatience ce moment pour tenter un soulèvement.

Le sous-préfet de Trévoux m'annonce un nouveau rassemblement, comme devant avoir lieu le 4 au soir à Parcieux, frontière du Rhône et de l'Ain. J'ai fait porter à Anse sur la Saône un détachement de quarante hommes de la garde départementale, qui liera ses mouvemens avec le détachement de vingt chasseurs, caserné à Villefranche. Une patrouille de cavalerie a été poussée sur Saint-Genis-Laval, Millery, et Brignais, pour intimider les malveillans. C'est là qu'ils manifestent le plus d'audace.

On m'a signalé quatre individus, comme les courriers du parti, et ses émissaires dans les différentes communes. J'ai donné l'ordre de les arrêter, et de les traduire devant moi. Je les remettrai au procureur du Roi, et en attendant que les preuves s'acquièrent, s'il est possible toutefois d'en acquérir, ils resteront en prison. Je ne sollicite pas d'approbation pour cette mesure, que je prends sous ma responsabilité, parce que je ne m'arrêterai point devant les formes, quand les circonstances peuvent devenir graves. De pareilles mesures font plus d'impression sur les campagnes, que des détachemens armés. Elles paraissent trop persuadées que l'autorité n'ose rien prendre sur elle, et il faut leur ôter cette idée.

Je persiste à croire que la malveillance redouble d'efforts, pour tenter un mouvement avant la récolte, en profitant du levier puissant de la misère publique. Il faut que l'autorité redouble son énergie. Le moment qui nous sépare de la tranquillité ne peut être long ; mais il faut l'atteindre.

Du reste, nous sommes en mesure. La ville ne nous donne pas d'inquiétudes, et s'il se manifestait un mouvement sur quelques points du département, il serait bientôt comprimé. Mais il est sage de le prévenir. Tout ce qui donnerait un ébranlement à la masse de la population, dans ce moment-ci, pourrait avoir des suites fâcheuses.

Je suis etc.

Lyon, le 6 juin 1817.

LA journée d'hier s'est passée avec la plus grande tranquillité. Une nouvelle ascension de M. Augustin, aéronaute, avait attiré une foule immense aux Brotteaux ; plus de trente mille âmes s'y trouvaient rassemblées. Il ne s'est passé aucun fait qui ait pu inspirer la moindre inquiétude.

Cependant, dès la veille, et le matin, les pressentimens les plus sinistres, les avis les plus multipliés, les révélations les plus précises, annonçaient une attaque en force imposante de la part des factieux. On citait l'heure, les lieux de rassemblement, le mode d'attaque. On devait s'emparer des casernes, se porter de là à l'arsenal, et se répandre ensuite dans les campagnes, pour y faire sonner le tocsin, et y produire une insurrection générale.

Au milieu de ces bruits, si souvent annoncés, si souvent démentis, le rôle de l'autorité est de se tenir toujours prête, et d'éviter cependant toute démonstration qui décélerait ses craintes ou ses inquiétudes. C'est le parti que nous avons pris, de concert avec le général commandant la division. Tous les ordres sont donnés dans les casernes, et il n'est pas douteux que, s'il y avait un mouvement, il ne se trouvât comprimé avant d'avoir pu prendre un caractère sérieux.

Il se confirme que l'opinion générale des campagnes était qu'on augmenterait le pain à Lyon, et que cette augmentation produirait un mouvement dont on comptait profiter. Je suis plus que jamais convaincu que cette mesure eût été d'une haute impolitique. Les sacrifices que nous sommes forcés de faire ne sont point assez grands, et n'auront point assez de durée, pour pouvoir nous effrayer. Les sages mesures qui ont été prises ont été pour les malveillans un objet de mécontentement autant que de surprise.

Qu'il y ait dans ce moment des factieux ayant la volonté d'agir; qu'il y ait parmi eux des chefs, une sorte d'organisation, même des armes, c'est ce dont nous ne pouvons douter : nous en avons des preuves matérielles. Mais je ne pense pas qu'ils en aient le pouvoir. Ils le sentent tellement eux-mêmes, que leur seule espérance était dans un mouvement d'exaspération produit par la cherté des denrées. Aussi redoublent-ils d'efforts dans un moment où ils voient cette ressource prête à leur échapper par les plus belles espérances de récolte qui furent jamais. Ce n'est qu'en liant leurs projets à un mouvement populaire qu'ils peuvent espérer de réussir. Mais heureusement notre population est calme ; elle sent les sacrifices que l'on fait pour elle, et elle les apprécie ; plus de foule, plus d'empressement chez les boulangers;

Au milieu de ces inquiétudes morales, s'il y a quelques faits qui méritent attention, il y en a beaucoup qui sont évidemment absurdes. Tels sont ceux d'un prétendu convoi d'armes, de plusieurs voitures qui auraient été débarquées dans la rue Saint-Jean, en plein jour, et qui auraient été immédiatement distribuées. J'ai fait vérifier les détails qu'on a donnés à ce sujet, et ils se sont trouvés n'avoir aucun fondement.

Telle est notre position. Elle mérite quelque attention ; mais je ne crois pas qu'elle doive alarmer, autant que quelques personnes y paraissent disposées. Ce sont les mêmes manœuvres qui ont été signalées à diverses reprises, avec cette différence toutefois que les circonstances leur donnent un degré de gravité de plus, parce que la misère met entre les mains de la malveillance un puissant moyen pour troubler la tranquillité publique.

Je suis avec respect, etc.

Lyon, le 7 juin 1817.

Les mêmes bruits alarmans et néanmoins la même tranquillité continuent à régner ici. Je ne puis m'empêcher de penser que ces bruits sont une tactique de la malveillance, trop bien secondée par la frayeur des gens honnêtes, et que cette tactique tend à produire de l'agitation dans la masse populaire, pour arrêter les transactions commerciales, et prouver que le gouvernement actuel n'a point la force nécessaire pour agir. Cette tactique sera vaine comme toutes les épreuves qu'on a faites jusqu'à ce moment. Encore quelques jours, et l'approche d'une superbe récolte ôtera aux agitateurs un de leurs plus puissans léviers.

Quant aux campagnes, ma correspondance m'apprend que c'est surtout dans les communes qui bordent les fleuves ou les grandes routes, que cette agitation s'est fait le plus remarquer. On ne peut douter qu'il ne s'y soit formé des associations, dans l'espoir du pillage. Quelques réunions ont eu lieu sur divers points, sans armes à la vérité, mais avec des intentions sur lesquelles on ne peut pas se méprendre.

A Tarare, on a attendu avec impatience un courrier qui devait, dit-on, apporter l'ordre d'agir. A Bully, près l'Arbrèle, même attente et même espérance. A Quincieux, réunion par billets qui paraissaient être venus de la ville de Trévoux, département de l'Ain, et direction donnée sur Lyon. La gendarmerie, prévenue par le maire d'Anse, s'y transporta ; ce qui fit que la réunion fut moins nombreuse. Plusieurs individus, et notamment leur chef, ont été arrêtés à Trévoux, et livrés aux tribunaux. J'ai invité le prévôt et le procureur du Roi à s'y transporter. J'ai également délégué M. Jordan, conseiller de préfecture, comme commissaire. Il doit prendre avec lui un détachement de la force départementale que j'avais envoyé à Anse. J'aurai demain le résultat de ses informations que je transmettrai à votre excellence.

Tous les rapports des commissaires de police, d'hier soir dix heures, étaient on ne peut plus rassurans. La nuit a été parfaitement tranquille.

Une révélation faite par un sergent d'une des légions, d'avoir été admis dans une réunion de cinquante personnes *bien vêtues*, d'y avoir obtenu le grade de chef de bataillon, à la charge de livrer la caserne de son régiment, est dans ce moment l'objet de l'attention de l'autorité. Il y a au moins beaucoup de doute à se faire sur cette révélation; ses chefs sont occupés à l'éclaircir.

Le mouvement des campagnes a été moins général que je ne l'avais cru d'abord. Le Haut-Beaujolais et la route d'Auvergne n'en ont ressenti aucune secousse. Villefranche et Neuville sont tranquilles, ainsi que les communes qui avoisinent Lyon.

Le temps continue à être superbe, et cependant le blé a encore augmenté hier. Les extractions de Lyon, pour les départemens de l'Est, continuent à être énormes; cela ne nous donne pas d'inquiétude.

Je suis avec respect, etc.

Lyon, le 8 juin 1817.

LA position de notre ville est toujours la même; les mêmes bruits, les mêmes révélations, et cependant la même tranquillité. Ce serait aujourd'hui même pendant le temps des processions, que devrait s'opérer ce mouvement. C'est le moment où toutes les troupes sont sur pied, qu'on aurait choisi pour éclater. Au milieu de tous ces bruits, l'autorité n'a pas d'autre parti à prendre, que d'être toujours prête à agir au besoin.

Le détachement de la compagnie départementale envoyé dans les communes où ont eu lieu les rassemblemens, le transport de la cour prévôtale, l'appareil qu'on lui a donné, paraissent avoir fait une grande impression. Les malveillans annoncent que leur coup est manqué, et qu'ils ont reçu de Paris un contre-ordre. Il paraît certain qu'il a été donné lecture, sur plusieurs points, d'une lettre où on annonçait que la partie était remise.

Ces bruits une fois répandus dans la population, je ne suis pas étonné qu'ils retentissent à la fois, d'une foule de points, et c'est ce qui explique cette nombreuse quantité de révélations, d'avis et de confidences. Mais ces mêmes bruits ont été répandus au mois d'octobre dernier, et à plusieurs époques de l'année dernière. Ils sont tombés d'eux-mêmes ; cependant, ainsi que j'ai déjà eu l'occasion de l'observer, les circonstances sont différentes, parce que la misère, le défaut de travail, et la cherté des subsistances, donnent aujourd'hui aux malveillans des moyens qu'ils n'avaient point auparavant.

Du reste, si on devait en juger par le calme de la population, et la tranquillité qu'on voit régner dans toutes les places, et dans tous les lieux publics de rassemblement, on ne concevrait pas comment on pourrait s'abandonner à de pareilles inquiétudes.

Sans doute, dans l'état actuel des choses, rien ne serait plus facile que d'agir par les campagnes sur la ville, parce que si on les mettait en mouvement, il faudrait prévoir beaucoup de désordres, de l'audace d'un côté, de la pusillanimité de l'autre. Mais agir dans une ville même où il y a une garnison nombreuse, ayant contre soi l'action centrale de l'autorité, et n'ayant à opposer à une masse toujours facile à mouvoir et à diriger, qu'une force décousue et dispersée, c'est ce qui me paraît contre toutes les vraisemblances, et contre toutes les probabilités.

Je vous ferai part demain, par le télégraphe, du bulletin sommaire de la situation de la ville.

Je suis, etc.

Dans l'intervalle du 3 au 8 juin, la situation des choses restait la même à Lyon : les mêmes bruits, les mêmes avis, et cependant la même tranquillité apparente.

Elle durait encore le 8 juin au matin, et j'en prévenais le Gouvernement, ainsi qu'on vient de le voir.

Nous convînmes avec le général que, pour ne pas faire de démonstrations apparentes, qui eussent augmenté les inquiétudes, en faisant croire que l'autorité les partageait, la garnison ne serait mise sur pied qu'à deux heures, sous le prétexte de la procession du Saint-Sacrement ; divers détachemens de la garde nationale furent mis à la disposition des curés pour le même objet.

Il était quatre heures du soir, et je me rendais moi-même à la procession de ma paroisse, lorsque je fus prévenu qu'on venait d'arrêter, à la barrière de l'octroi, un homme portant sous le bras un sac enveloppé de sa veste. Ce sac se trouvait contenir environ deux cents cartouches.

Je me rendis de suite chez le général, dont l'hôtel avait vue sur la place de Bellecour, où les troupes se trouvaient rangées en bataille. L'individu arrêté y

fut conduit. Interrogé en notre présence, il se ren-
ferma dans un système de dénégation absolue, et
prétendit que ce paquet lui avait été remis par un de
ses camarades, avec qui il allait quelquefois au cabaret, et qu'il ignorait ce qu'il pouvait contenir.

Je dois avouer que ce fait me frappa, et qu'il donna
une sorte de consistance aux bruits qui s'étaient répandus, depuis plusieurs jours, d'un projet de tentative de la part des factieux, dans la ville. D'autres
circonstances vinrent encore s'y joindre. Un commissaire de police vint nous prévenir que, dans un
cabaret sur la place des Jacobins, et dans une réunion où se trouvaient plusieurs hommes suspects, un
coup de pistolet avait été tiré, à bout portant, sur
un ancien officier, que ses camarades accusèrent
d'avoir voulu les trahir.

Il était nuit, et des patrouilles de la garde nationale, qui avaient accompagné les processions, s'é-
taient répandues dans les différentes rues. Elles arrê-
tèrent ce qu'elles trouvèrent dans les cabarets. On y
saisit plusieurs individus, dont quelques-uns furent
trouvés munis de paquets de cartouches, sans pouvoir en donner aucun motif plausible.

Vers onze heures du soir, le capitaine Ledoux, de
la légion de l'Yonne, se rendant à l'Hôtel-de-Ville,
fut poursuivi par des gens armés, et au moment où
il se retournait pour leur faire face, il reçut deux
coups de pistolet qui l'étendirent roide mort.

Le marquis de Ganay, colonel de la légion de l'Yonne, et député à la Chambre, fut lui-même provoqué, et forcé de se mettre en défense.

Le capitaine Philippe, de la garde nationale, fut également blessé d'un coup de feu à la main. Une ordonnance du Roi l'a nommé chevalier de la Légion-d'Honneur.

La garde nationale, commandée au nombre de six cents hommes à huit heures, avait déjà réuni plus de deux mille hommes, en moins d'une heure. Dès ce moment, les patrouilles se multiplièrent et se croisèrent dans tous les sens. On n'eut plus aucune inquiétude sur la tranquillité de la ville.

On apprit dès le lendemain, par des dépositions recueillies par les soins du maire de Vaise, que le nommé Gagnieres, forgeron, depuis long-temps noté à la police, avait distribué dans son clos, à quatre heures du soir, un certain nombre de cartouches. Ce fait est établi dans la procédure.

Des déclarations ultérieures ont appris qu'il avait été porté chez un aubergiste du faubourg de Vaise, un panier de poudre, pour le convertir en cartouches; qu'il en avait été également porté chez un cabaretier de la place des Jacobins. Elles ont aussi appris qu'on avait demandé à l'artificier Arbant, de confectionner quarante mille cartouches. Cet artificier, interrogé, est convenu de ce fait, en ajoutant qu'il n'avait pas voulu se prêter à cette demande. Enfin, on a su par ces mêmes déclarations, que les factieux comptaient sur un grand nombre de cartouches et de fusils, délivrés pendant l'interrègne, aux volontaires fédérés. Ce fait, qui a justement appelé l'attention du Gouvernement, a été certifié par le commandant de l'artillerie. J'ai transmis au ministère le certificat qu'il m'en a délivré.

L'intention des malveillans était-elle de faire une attaque dans la ville? Ce fait a été avancé par les uns, nié par les autres.

On a allégué d'un côté que cette attaque eût été une absurdité, dans une ville où se trouvait une garnison de deux à trois mille hommes, et une garde nationale nombreuse. Qu'on n'avait vu ni rassemblement, ni dépôt d'armes, ni munitions.

On a répondu de l'autre, que la mise sous les armes de toute la garnison, dès deux heures du soir, en avait imposé aux conjurés dont le rendez-vous n'était que pour sept heures. Que la distribution de fusils, faite pendant les cent jours, avait mis une grande quantité d'armes entre les mains de la malveillance, et qu'il n'y avait eu aucun moyen de les retirer. Que dans un moment de tumulte, chaque individu sortant de chez lui avec son fusil, il ne fallait que peu de temps pour en former des groupes considérables.

Laissons la passion, l'exagération, ou l'esprit de parti s'agiter autour de ces deux opinions, et convenons, avec tous les hommes raisonnables , que si les campagnes ; d'après la direction qu'on leur avait donnée sur la ville, pour onze heures du soir, se fussent présentées aux portes, il aurait pu y arriver une grave confusion ; encore même que l'issue ne dût pas être douteuse.

L'autorité n'a pas voulu se mettre à cette épreuve. Elle a attaqué ce mouvement dès son principe, et il est inutile désormais de rechercher s'il eût été plus ou moins grave, plus ou moins dangereux.

Revenons au mouvement des campagnes.

On apprit, dans la nuit du 8 au 9, et dans la journée du 9, que diverses communes riveraines du Rhône, savoir celles de Saint-Genis Laval, de Brignais, de Millery, d'Irigny avaient sonné le tocsin ; que le lendemain il sonnait à St.-Andéol, à la sortie de la procession. Que dans celle de Saint-Genis, le capitaine Oudin avait proclamé Napoléon II, s'était emparé de la caserne de la gendarmerie, et avait pris les chevaux des gendarmes. Qu'il s'était installé à la municipalité, et avait envoyé des émissaires dans les communes voisines. Que le maire, qui était à sa campagne, à demi-lieue du bourg, ne s'était pas présenté, et que l'adjoint avait pris la fuite.

Qu'à Millery, les nommés Fantet, riche propriétaire, et Baronnier, maire et adjoint de l'interrègne, avaient également abattu le drapeau blanc ; qu'il en était de même à Irigny et à Saint-Andéol. Qu'à Brignais, le tocsin n'avait pu réunir que quelques per-

sonnes. Que les rassemblemens avaient été plus nom-
breux dans les autres communes.

Ceci se passait à huit heures du soir. Dès dix
heures, un détachement de gendarmes et de chasseurs se portait au galop à Saint-Genis. Il y entrait
après avoir éprouvé une décharge qui blessa grièvement un gendarme. Ce détachement marchait en
avant, pour atteindre les fuyards avant qu'ils n'eussent gagné Givors, ville où il y a beaucoup d'ouvriers employés aux verreries. Deux compagnies de
la Haute-Saône furent envoyées pour le soutenir et
enlever les armes qui se trouvaient entre les mains
des paysans. Un détachement de garde nationale fut
également envoyé à Saint-Andéol. Tout ceci se pas-
sant dans le cours de la nuit, et au milieu de renseignemens contradictoires qui arrivaient à tous mo-
mens, il était difficile de savoir à quoi s'en tenir.
Le lendemain, au point du jour, on apprit que tout
était calmé sur ce point.

On ne tarda pas à apprendre qu'au centre du département, et entre les routes de Bourgogne et du
Bourbonnais, sept communes s'étaient mises en insurrection ; que des cocardes tricolores avaient été
distribuées, les drapeaux blancs enlevés, les bustes
du Roi brisés, et qu'une prétendue proclamation du
général Grouchy avait été lue et affichée. Cette proclamation ordonnait, sous peine de mort, à tous les
hommes de 20 à 60 ans, de marcher. C'était Gar-

lon, simple paysan, et qui avait une grande influence dans le pays, qui s'était mis à la tête des bandes. Mais on sut en même temps que les détachemens envoyés de la ville, à Anse et à Limonet, les 4, 7 et 8 juin au matin, avaient traversé la plaine, dissipé les rassemblemens, et étaient arrivés à l'Arbrêle, en même temps qu'une bande s'y présentait; qu'au même moment un détachement de chasseurs était expédié de Tarare sur le même point, et que la bonne contenance du maire de l'Arbrêle, aidé de quelques gardes nationaux, avait maintenu la tranquillité dans cette ville, et empêché les malveillans d'y sonner le tocsin.

D'un autre côté, les communes riveraines de la Saône, notamment celles de Quincieux et d'Ambérieux, qui avaient fait un mouvement le dimanche précédent, étaient contenues par le détachement de la garde départementale qui y avait été envoyé dès le 4.

Etait-ce le hasard, comme on l'a prétendu, qui avait groupé ces foyers d'insurrection, de manière que, s'appuyant sur la Saône d'un côté, sur le Rhône de l'autre, et sur l'entre-deux des routes du Bourbonnais et de la Bourgogne, ils pouvaient, en moins d'une heure, se réunir tous, laisser Lyon à la tête du triangle, l'isoler du reste du département, et donner la facilité d'étendre le mouvement pour se porter à la fois par les routes de Moulins, de Mâcon et de Toulouse, sur la ville ? C'est ce qu'il est inutile d'examiner. On cite les faits, on ne veut en tirer aucune conséquence.

Et lorsqu'on réfléchira, comme cela a été établi dans les procédures, que le chef de ce mouvement était un nommé Jacquiet, commandant d'un corps franc pendant l'interrègne ; que ce Jacquiet est un homme de tête et de caractère, ainsi qu'il résulte des faits consignés dans l'instruction : que ses agens ont été porter ses contre-ordres le 2 juin, et ses ordres définitifs le 8 , savoir : Martin et Cœur à Saint-Genis, au capitaine Oudin ; Prieur , à Quincieux, à Garlon, etc. ; Lepin à Bully, etc. ; lorsqu'on rapprochera ces faits des avis donnés, dès les premiers jours de juin, par les maires de ces différentes communes, sur des courses et des agens suspects, on se convaincra que le mouvement était préparé , avait une sorte d'organisation, et qu'il n'était pas né spontanément.

Ce qui vient d'être dit peut faire juger du degré de confiance que mérite l'auteur de l'écrit, lorsqu'il avance que l'autorité prévenue dès le 7 juin n'avait fait aucune disposition , tandis que, dès le 5 juin, on la voit concerter ses mesures de manière à n'être surprise nulle part.

Je joins ici l'extrait de la correspondance du 10 juin. On verra si j'ai cherché à grossir les faits pour m'en faire un mérite, et on reconnaîtra que j'écrivais le lendemain comme j'écrivais le jour et la veille, c'est-à-dire avec calme et sang-froid.

Lyon, le 10 juin 1817.

J'AI eu l'honneur d'expédier hier à Votre Excellence, par estafette, un rapport sur les événemens qui viennent de se passer dans ce département. Je manifestais l'espérance de pouvoir lui annoncer que tout était rentré dans l'ordre; je puis lui confirmer aujourd'hui cette espérance, qui s'est changée en certitude.

Tous les rapports qui me sont arrivés dans la journée et dans la nuit m'annoncent qu'il n'y a plus un seul séditieux en armes, et que toutes les bandes se sont dissipées en jetant leurs armes et leurs munitions.

J'avais des inquiétudes sur Givors, où se dirigeait la masse des insurgés; mais ils ont été dispersés avant d'avoir pu l'atteindre. La bonne contenance du maire en a d'ailleurs imposé; c'est un homme capable et dévoué, et qui a maintenu jusqu'à ce moment une population nombreuse de gens du canal et d'ouvriers.

J'en avais également pour Condrieux. J'ai envoyé, dès avant-hier, une lettre au maire, pour lui ordonner de convoquer immédiatement le conseil municipal, et de lui faire lecture d'une lettre où je lui annonçais que si un seul factieux entrait à Condrieux, j'y enverrais une garnison de cent cinquante hommes, pour y vivre à discrétion.

Votre Excellence a pu voir, par les détails que je lui ai soumis jour par jour, que l'autorité a été prête sur tous les points, et n'a été surprise nulle part.

Lors du premier avis de la réunion de Quincieux, encore

même qu'elle ne se composât que de groupes détachés, cachés dans les prés et derrière les haies, la Cour prévôtale s'y est transportée avec un détachement de soixante hommes.

J'avais donné l'ordre de faire arrêter les nommés Oudin et Lyandras de Saint-Genis, Conin et Raymond de Brignais, qu'on m'avait annoncé avoir des réunions suspectes. Cet ordre ne put recevoir son exécution, la gendarmerie ne les ayant point trouvés à leur domicile.

Nous fimes porter des détachemens de gendarmerie et de garde départementale sur les points de Limonet et de la tour de Salvagny. Ces positions coupaient la ligne des opérations des séditieux, et rompaient celle de leurs communications.

Je pris, sous la date du 5 juin, un arrêté dont copie est ci-jointe, qui fut affiché dans toutes les communes, et lu à la messe paroissiale du dimanche. Les mesures qu'il prescrivait, firent une telle impression, que, si j'en dois croire les rapports qui m'arrivent, une foule d'individus se trouvèrent détournés de prendre part à la rébellion.

Je l'avais envoyé aux maires, avec une circulaire qui leur retraçait de la manière la plus forte leurs devoirs.

Ce fut le soir, à quatre heures et demie, à l'issue de la procession de la Fête-Dieu, et sans être annoncé autrement que par l'agitation qui régnait depuis quelques jours, que le tocsin sonna simultanément à Brignais, à Saint-Genis, à Irigny, à Millery, à Charnay, à Saint-Andéol, et dans quelques communes du canton de l'Arbrêle.

Les détachemens qui se trouvaient sur les routes de Villefranche et de l'Arbrêle, se mirent immédiatement en mouvement, chassant partout devant eux les séditieux qui ne tinrent nulle part, et se réfugiaient de commune en commune, en y faisant sonner le tocsin.

Quand toutes les dispositions furent prises pour la sûreté de la ville, un détachement se porta à dix heures du soir à Saint-Genis, où tout fut dispersé dans un clin d'œil. Le lendemain, à la pointe du jour, il était à Brignais et à Millery, où il paraît que le mouvement s'est terminé.

La même chose avait eu lieu à Bully et dans tout le canton de l'Arbrèle, sous la direction du chef d'escadron de la gendarmerie, du prévôt et de l'officier commandant le détachement de la compagnie départementale.

Dans moins de vingt-quatre heures, tout était rentré dans l'ordre.

Je ne puis me faire une idée bien juste des projets des séditieux sur la ville. Je suis même tenté de persister dans l'idée que j'ai toujours émise, qu'ils comptaient agir sur elle par les campagnes. Cependant le nombre et l'audace de ces hommes qu'on voit figurer dans tous les mouvemens populaires, les cartouches qu'on a surprises sur eux, les trois assassinats auxquels ils se sont portés, et plus que tout cela, l'inquiétude générale et inexplicable qui s'était répandue, sur la foi d'une foule de révélations qui paraissaient toutes précises, tout cela me porte à croire que le projet qu'on leur attribue d'avoir voulu assassiner, au moment de la procession, les autorités et les officiers se rendant à leur caserne, n'est pas dénué de fondement.

Il est aujourd'hui prouvé que le moment de l'augmentation du pain était celui que les séditieux attendaient pour agir. Je me suis gardé de tenter une épreuve qui m'a toujours paru redoutable, et qui eût, sinon tout perdu, au moins tout compromis.

Voilà notre position ; je la regarde comme désormais assurée, au moins pour long-temps.

Tel est le résultat de ces événemens qui eussent pu devenir graves, s'ils n'eussent été immédiatement comprimés.
La misère dans la ville et dans la campagne, donnait aux
séditieux un grand avantage, et le caractère général de la
révolte, sur tant de points différens, pouvait devenir alarmant. Mais l'explosion comprimée partout, n'a pas pu
s'étendre avec cet ensemble qui l'aurait rendue dangereuse.

Je suis avec respect, etc.

On a prétendu qu'il n'avait été pris aucune mesure pour poursuivre les chefs. On répondra à cette
allégation par la volumineuse correspondance qui a
eu lieu à ce sujet, par les ordres donnés à la gendarmerie, les rapports de cette arme; et, chose bien
étrange, ce sera de ces mêmes démarches qu'on aura
bientôt à se défendre, pour repousser l'accusation
d'avoir couvert le département d'agens qu'on peint
avec tant d'énergie, s'attaquant, se dénonçant à l'envi les uns les autres, et répandant dans le département la terreur de 1793.

Ces événemens étaient passés depuis quelques
jours, et on n'avait encore rien découvert qui pût
mettre sur la voie d'une intrigue que tous les documens annonçaient avoir eu son centre dans la ville
de Lyon, et être partie de là pour se répandre sur
les divers points du département.

Un hasard heureux mit sur la voie de quelques

découvertes, qui, suivies avec activité par la police municipale, menèrent enfin à la connaissance du plan d'organisation, de ses principaux chefs, de ses agens secondaires, etc.

L'arrestation d'un nommé Barbier, chirurgien; celle des deux frères Volosan, fabricans en soie; celle de Mayer, marchand fleuriste; celle de Bitternay, de Vernay, etc., donnèrent lieu à des révélations qui parurent assez importantes (1).

On sut que les mouvemens qui avaient eu lieu, dans la ville et dans les campagnes, avaient été préparés par des comités insurrecteurs, et par un comité supérieur, avec lequel ils correspondaient par des intermédiaires, de manière que le nom de ses membres était un secret pour leurs subordonnés;.....

Qu'il y avait, en outre, un comité insurrecteur des campagnes, présidé par le nommé Jacquiet, désigné sous le nom d'Auguste, dont on retrouve le nom dans les interrogatoires de Chambouvet, faits au mois de février précédent. Ce Jacquiet, commandant d'un corps franc pendant l'interrègne, passait pour un homme hardi et entreprenant. Tout ce qui est dit de lui dans les dépositions, semble confirmer ce caractère;

Que dans le comité supérieur se trouvait le nommé

____

(1) Plus de trente individus arrêtés ont déclaré, dans leurs interrogatoires, des faits qui se rapportent à ces révélations.

C....., qui, deux ans auparavant, avait été condamné pour avoir fait circuler le libelle *de la Vérité*,
l'un des plus séditieux pamphlets qui ait été écrit en
1814;

Qu'on y comptait également le nommé T.....,
employé à la Monnaie, qu'on avait vu dans les clubs
de la fédération pendant l'interrègne, tenir les dis-
cours les plus fougueux;

Qu'enfin, on avait des raisons de croire que le
sieur J........, fils d'un respectable magistrat,
mais ayant toujours annoncé des sentimens bien différens de ceux de sa famille, y était également ag-
grégé.

Ce dernier était en correspondance fréquente
avec R....., condamné dans l'affaire du mois de
janvier 1816; et dans une lettre trouvée dans ses pa-
piers, ce dernier, soit qu'il fût prévenu ou non de ce
qui devait se passer, lui donnait sa procuration pour
faire mettre le séquestre sur les biens des juges qui
l'avaient condamné, et sur ceux des autorités qui
l'avaient retenu en prison, depuis le jugement qui
avait prononcé contre lui la peine de la déportation.

On sut en même temps que les conjurés avaient
une correspondance fréquente avec une femme de
Paris, connue par ses intrigues politiques, et par ses
liaisons suspectes. On avait appris officiellement de
Paris, que cette dame avait reçu une lettre le 11
juin, conçue en ces termes:

« Le tocsin sonne de tous côtés, l'affaire est mal
« engagée; cependant espérons encore. »

On sut en même temps qu'un graveur de Paris
avait, sur la demande de ce comité, exécuté un em-
blême séditieux, qui lui avait été transmis. Ces renseignemens résultent également de recherches offi-
cielles.

L'arrestation d'un nommé B......., fabricant de
soie, a fait reconnaître en lui celui qui avait écrit
à la dame L. V., à Paris, la lettre citée plus haut.
Il est convenu qu'il l'avait écrite sous la dictée de
J......., homme fort entreprenant, et celui dont l'arrestation eût été la plus importante, puisque c'était
à lui qu'on s'adressait pour avoir des fonds. Ce fait
est constaté par la procédure.

On apprit enfin que les membres de cette associa-
tion se liaient par un serment, et on retrouve, dans
les dépositions qui ont été faites, les mêmes circonstances qu'on avait remarquées dans les interrogatoires de Chambouvet, arrêté au mois de février, et
dont l'instruction avait été suivie par la police depuis
cette époque; déclaration qui avait paru au magistrat qui était chargé de la recevoir, ainsi qu'à moi-
même, tellement extraordinaire, que nous avions
été tentés de la prendre pour les rêveries de quelques
imaginations malades (1).

____

(1) J'ai entretenu le ministre, dans le courant de février
ou de mars, des dépositions et des intrigues de Chambou-

Tout ce qu'il y avait, dans ces mêmes interrogatoires de Chambouvet, de relatif à des cartes, à des réunions, à des distributions de grades ou d'emplois; ces faits d'enrôlement qui occupaient la police et l'administration depuis six mois, se trouvaient confirmés par des déclarations ultérieures.

Certes, ce rapprochement et cette suite d'intrigues politiques pouvaient appeler l'attention de l'autorité. Il expliquait des faits qui, depuis long-temps, avaient captivé son attention; et dont les traces lui avaient plusieurs fois échappé.

Ces faits acquéraient plus d'importance encore dans le cours de l'instruction, lorsqu'on songeait aux événemens qui venaient de se développer dans plusieurs départemens éloignés; événemens dont la couleur pouvait être douteuse, puisque l'opinion n'était pas encore fixée à cet égard, comme elle l'a été depuis.

Ces doutes pouvaient naître naturellement, et le devoir des fonctionnaires était de les soumettre à l'autorité. Placée plus haut, et au point où tous les renseignemens viennent aboutir, se comparer, et souvent se détruire les uns et les autres, elle a pu les apprécier sous leur véritable point de vue. Ce qui pouvait être l'objet d'un doute, a cessé de l'être aujourd'hui, et l'opinion est désormais fixée.

____

vét. Ces détails m'étaient transmis par le lieutenant de police, qui en prévenait aussi le ministre.

On s'est étonné de ne pas voir, à la tête de ces intrigues politiques, des hommes plus importans pour
les diriger et les conduire. Beaucoup de présomp-
tions ont été formées à cet égard ; quoique aucune
preuve n'ait pu en être acquise. L'évasion de trois
des principaux accusés a peut-être ôté les moyens d'y
arriver.

Mais est-il impossible que des intrigues politiques
soient formées par des hommes du commun ? Et
l'histoire de la révolution n'a-t-elle pas prouvé que
c'est dans cette classe subalterne que se sont trouvés
les agens de manœuvres qui, tout obscures qu'elles
étaient, n'ont point été sans importance ? Que trouve-
t-on dans tous les mouvemens qui ont eu lieu à diverses époques de la révolution ? Que trouve-t-on
dans ceux qui ont amené la conspiration de Gre-
nelle, celle de Babœuf, et plus nouvellement encore dans celle de Rosset et Didier à Lyon ; dans
celle de Pleignier, et de tant d'autres ? que des
agens obscurs, recrutant parmi des hommes obscurs, et, pour emprunter les expressions mêmes
dont je me servais dans ma correspondance avec
le Gouvernement, une véritable conspiration de
canaille.

C'est l'effet inévitable d'une longue révolution, qui
a déplacé toutes les positions et toutes les influences
sociales, de persuader à des hommes obscurs, qu'ils
sont appelés à jouer un grand rôle; et c'est là ce qui

leur présente, dans un Gouvernement légitime, le plus grand et le plus irréconciliable ennemi.

Et c'est aussi ce qui fait que le premier intérêt, comme le premier devoir de ce Gouvernement, est de rétablir toutes ces influences, parce que la société ne peut exister sans elles, et que si elles ne lui prêtent pas leur appui, il ne lui reste d'autre soutien que la force, et que tout Gouvernement qui n'est fondé que sur la force, ne peut avoir de durée.

D'où il résulte que dans de pareilles circonstances, et dans le choc de tant d'intérêts, de tant de souvenirs, et de tant de prétentions opposées, l'action ferme et énergique du Gouvernement est le premier besoin et le premier moyen de salut, parce qu'il est le pendule régulateur de cette grande machine, et que tous les froissemens qui arrêtent sa marche, ou dérangent la régularité de ses mouvemens, ne peuvent amener que le désordre et l'anarchie.

Dans des temps de calme, rien sans doute n'est plus difficile que d'ourdir des intrigues politiques, parce qu'il faut à la fois en former le plan, et en créer tous les moyens secondaires.

A la suite d'une révolution, tous ces élémens existent. Ce ne sont pas les hommes, ce sont les intérêts, les opinions, et les positions qui les mettent en œuvre.

Je n'insiste pas sur ces considérations ; elles ont frappé depuis long-temps les hommes d'Etat et ceux pour lesquels l'histoire des temps est quelque chose, et ceux pour lesquels les leçons de l'expérience ne sont pas perdues.

Je n'ai point à m'occuper de la suite de ces intrigues. Elles ont été soumises aux tribunaux ; ils ont prononcé. C'est dans leurs arrêts et dans la procédure que l'homme qui ne veut pas juger par prévention, doit chercher à former son opinion. C'est pour éviter que les jugemens sur ces sortes d'affaires ne divergent au gré des passions ou des intérêts, que la loi a fixé la condition et les degrés de l'évidence judiciaire. Malheur à une nation pour laquelle la justice des tribunaux deviendrait un problême! car n'ayant plus de garantie dans l'impartialité des juges, elle serait forcée de la chercher en elle - même; et il n'y aurait pour elle ni repos, ni fixité, ni sécurité. Je n'ai pas besoin de les défendre, parce qu'ils se défendent par le caractère même que la loi leur a attaché, et que s'il était possible que des cours souveraines, autorisées par la loi à faire suivre d'une exécution immédiate leur jugement, eussent donné dans des passions et dans des écarts, il faudrait creuser jusqu'au centre même de la terre, pour y ensevelir un pareil secret.

Je ne me suis occupé, jusqu'à ce moment, qu'à établir qu'il y avait eu un mouvement; que ce mouvement avait été préparé et organisé; que son caractère était déterminé par sa nature, par le caractère de ses chefs, et le rôle qu'ils avaient joué dans de précédentes intrigues. J'ai prouvé que l'autorité, avertie,

s'était tenue en mesure, ou de le prévenir, ou de l'arrêter au besoin ; que ce mouvement, né au commencement de la nuit, était comprimé partout dès le lendemain. Ma correspondance de tous les jours a mis
le Gouvernement dans la pensée, et presque dans la
conscience de l'administrateur. On a pu juger si ses
lettres, si ses démarches, si ses mesures se ressen-
taient de cette préoccupation d'esprit, dont il est
si difficile de se garantir, quand on est égaré, ou que
l'on veut égarer.

Ai-je maintenant à la défendre d'accusations d'une
autre nature, qui se trouvent reproduites avec profusion dans l'écrit que j'ai cité ?

On a osé prétendre que ce sont les autorités elles-
mêmes qui ont produit ce mouvement pour s'en faire
un titre, et réclamer quelques faveurs achetées par
tant d'indignités.

Certes, nous ne parlerons pas de moralité à des
hommes qui la respectent si peu ! C'est à d'autres
qu'à eux que nous dirons que lorsque des fonctionnaires se sont trouvés long-temps dans des positions
qui fixaient l'opinion et les regards sur eux, ils doivent être irrévocablement jugés par elle.

Que dans cette foule d'accusés, interrogés dans le
cabinet ou à l'audience, il ne se soit pas trouvé un
seul indice qui leur ait fait reconnaître ceux qui les
auraient abusés ; que toutes leurs déclarations se lient
avec celles faites plusieurs mois auparavant, et dont

la police suivait seule et les fils et l'intrigue; que celle
du capitaine Oudin, faite à Valence sur sa propre
demande, se rapporte de point en point avec celles
faites à Lyon par des co-accusés arrêtés successive-
ment et à diverses époques, avec celles faites par
Valenceot et Tavernier devant le procureur du Roi
de Trévoux, c'est sans doute plus qu'il n'en faut
pour déterminer l'opinion des hommes qui ne sont
point hommes de parti, et ce n'est pas pour les
hommes de parti que j'écris.

Sans doute, on a dit au commencement de la révolution que les aristocrates brûlaient eux-mêmes leurs
châteaux pour faire le procès à la révolution. Sans
doute, on a dit et on a prouvé que les détenus au
Luxembourg, en 1793, conspiraient contre la ma-
jesté du peuple souverain. Certes, s'il y avait eu des
manœuvres ultra-royalistes pour agir à la fois sur
tant d'hommes et sur tant de points, elles auraient
exigé des agens et des moyens qui eussent dû être
découverts, et les fonctionnaires chargés de la police
eussent été inexcusables de ne pas les voir et de ne
pas les saisir.

Qu'importe, d'après cela, que des lettres particu-
lières annoncent qu'un infâme agent, compromis
dans l'affaire du 16 janvier 1816, dénonciateur de
ses complices, et livré depuis à un autre métier, ait
sollicité ou obtenu de malheureux prisonniers des
rétractations et de prétendus aveux. Ces infâmes

manœuvres d'un infâme agent seraient repoussées par ceux même dont elles favoriseraient le plus ou l'opinion ou le système, parce que quelle que soit ou la prévention ou l'égarement, il y a des bornes où elle s'arrête, et que si elle adopte quelquefois l'erreur, elle repousse loin d'elle le crime, quand il se présente sous des dehors si hideux.

On a dit encore que, postérieurement aux événemens du 8 juin, il y avait eu des manœuvres pour former une seconde insurrection, et justifier une première tentative criminelle par une seconde plus criminelle encore.

Si tel eût été le but de l'autorité, elle eût sans doute manœuvré pour obtenir de l'autorité supérieure la croyance nécessaire. Elle l'eût fait participer à des craintes qu'elle avait intérêt, qu'elle avait l'espoir de justifier. En la prévenant de bruits ou d'inquiétudes vagues, elle n'eût pas pris le soin de la rassurer.

C'est encore dans cette correspondance de tous les jours, dans les communications intimes entre l'autorité subordonnée et l'autorité supérieure qu'il faut chercher les traces de ces manœuvres coupables, et de ce but caché.

Voici l'analise de cette correspondance :

Extrait de la lettre du 20 juin.

Depuis plusieurs jours, la tranquillité de la ville n'a pas été troublée. Cependant il y règne toujours une certaine inquiétude. Les factieux annoncent encore des espérances.

Quels que soient ces présages, qui recommandent une grande surveillance, je ne vois pas pour eux de possibilité d'agir dans ce moment. Les communes qui ont pris part à la révolte, en ont été sévèrement châtiées, par des garnisons qui ont été mises au compte des rebelles. Et il est bien difficile d'agir dans la ville, actuellement surtout que les troupes ont montré les meilleures dispositions. Il paraît que la malveillance avait annoncé partout que les troupes étaient gagnées, et qu'elles prendraient parti *pour le peuple.*

Les travaux des moissons qui commencent sous peu de jours, vont reporter la tranquillité dans les campagnes. La baisse du prix des grains, qui vient de se déclarer, y contribuera pour beaucoup. Le blé est tombé de 13 fr. 50 le double décalitre, à 8 fr. 5 c. et à 9 fr. pour les premières qualités. . . . .

(*Du 14 juillet.*)

Depuis quelques jours, de nouvelles inquiétudes paraissent s'être répandues; et quoiqu'il faille bien s'attendre que dans la disposition des esprits il y a une tendance naturelle à tout grossir, elles ne laissent pas néanmoins de mériter quelque attention. Malgré la surveillance la plus active, exercée sur les campagnes, on y répand encore que le 14 juillet ou le 25 août, sont désignés pour tenter un mouvement plus considérable.

. . . .

Je n'ai point d'inquiétude sur le résultat des efforts de la malveillance sur la ville de Lyon, et sur le département, puisque nos forces, indépendamment de l'ascendant que les événemens leur ont donné, suffisent pour rassurer même les gens timides. Mais si la malveillance agissait au loin, et qu'elle vînt réagir sur nous par la peur, il pourrait y avoir lieu à quelque inquiétude.

(*Du 26 juillet.*)

On avait eu des inquiétudes du côté de Tarare ; j'y ai envoyé un agent de police, et j'ai fait opérer le retrait des armes de guerre des mains de ceux qui n'avaient aucun droit de les conserver. Il y a sur ce point deux compagnies de la légion de la Haute-Saône, qui doivent complétement rassurer sur tous les événemens. Garlon, Lepin et Charmette ont été vus à Saint-Laurent de Valsonne, à deux lieues de Tarare, et ont été même rejoints par quelques personnes avec lesquelles ils ont conféré. On a commandé une expédition pour les faire prendre.

L'augmentation des blés et des farines est progressive depuis quelques jours; les premiers sont montés de 6 à 9 fr. le double décalitre, et la farine de 31 à 45 fr., etc.

(*Du 4 août.*)

La physionomie de la ville paraît calme, et quoique beaucoup de gens veuillent s'inquiéter encore, je ne partage pas leurs craintes. Quoique tous les fils de la machination ne soient pas encore connus, il suffit qu'un grand nombre ait été rompu , pour être assuré que toute nouvelle tentative est au moins indéfiniment ajournée. Il y a encore quelque agitation dans les campagnes, de mauvais bruits y ont circulé, et ce sont les pauvres, les mendians et les colporteurs, qui les ont répandus. Mais ils ne peuvent faire la même impression, dans un moment où tous les cultivateurs sont occupés, et où la récolte en pleine activité presque partout, favorisée par un temps superbe, annonce une prochaine diminution dans le prix des denrées.

(*Du 5 août.*)

.... Rien de nouveau ici, si ce n'est que les produits de la nouvelle récolte commencent à paraître sur les marchés, et que le prix des grains, qui s'était beaucoup relevé depuis un mois, a éprouvé une grande diminution. La baisse qui n'était avant-hier que de 20 sous par double décalitre, est aujourd'hui de près de trois livres.

Quoiqu'il y ait encore des manœuvres, tout dans mon opinion tend au calme; nous avons pour nous la conscience de notre force , et de son succès, et nous avons de moins contre nous les circonstances. Je fais exécuter avec rigueur la loi contre les vagabonds et les mendians. Ce sont ces gens-là qui, depuis deux ans, se sont rendus les agens les plus actifs de la malveillance.

Je suis, etc.

(*Du 16 août.*)

J'ai eu l'honneur de vous entretenir, il y a environ un

mois, des bruits qui avaient circulé dans ce département sur une nouvelle tentative de la part des factieux du 15 au 25 août.

Ces bruits s'étaient fort calmés depuis; et, malgré quelques notions qui me sont arrivées par la gendarmerie et par les maires de quelques communes du côté de la route d'Auvergne, je ne trouve rien dans la physionomie du département, qui puisse annoncer aucune crainte. Cependant je ne dois pas taire à Votre Excellence quelques avis qui me parviennent de quelques départemens voisins. . . . .

Je ne vois rien dans Lyon qui puisse annoncer aucun projet. Le peuple est tranquille; son travail est assuré jusqu'au milieu de septembre, et ce n'est qu'à cette époque que tout se réunit pour annoncer une stagnation effrayante dans la fabrique.

Quoique je n'attache pas beaucoup d'importance à ces bruits qui se sont si souvent renouvelés, comme néanmoins ils se sont vérifiés une fois, j'ai cru devoir vous en prévenir. En les comparant aux renseignemens qui arrivent de tous les côtés au ministère, Votre Excellence jugera quel degré de confiance elle doit leur donner.

Les blés qui étaient tombés au-dessous de 6 fr., sont remontés de 7 à 8 depuis trois jours; à Mâcon, le 10 août, jour de la Saint-Laurent, qui est le marché régulateur de la saison, ils se sont vendus au-dessus de 7 francs.

Je suis avec respect, etc.

(Du 23 août.)

. . . . Depuis quelques jours, de nouveaux bruits d'un mouvement pour le 25 août se sont répandus avec une assez grande publicité; on conçoit que la frayeur et l'inconséquence puissent y contribuer autant que la malveillance. Je dois cependant déclarer que je ne vois aucun symptôme soit dans la ville, soit dans les campagnes, qui puisse inspirer des craintes raisonnables. Néanmoins le mouvement des passions personnelles a produit une agitation qu'on ne peut pas ne pas reconnaître. J'entretiendrai Votre Excellence de cet objet par une lettre séparée. . . . .

(*Du* 26 *août.*)

Malgré quelques bruits qui s'étaient répandus depuis quelques jours, et qui n'avaient aucune espèce de fondement, la journée d'hier s'est passée avec le plus grand calme, et avec les témoignages les moins équivoques de l'allégresse générale. . . . .

On a prétendu qu'un grand nombre de personnes dont on a porté le nombre à plusieurs mille, étaient sorties de la ville, dans la crainte d'un mouvement. Les rapports qui m'ont été faits, annoncent que ce bruit a peu de fondement. Sans doute quelques vieilles femmes, toujours tremblantes, ont pu sortir de la ville; mais la majeure partie de ceux qui ont été à la campagne, y ont été pour célébrer la fête du jour avec quelques amis; et c'est l'usage habituel du commerce, de passer à la campagne les jours fériés, dans lesquels toutes les expéditions cessent, et où les bureaux et les banques sont fermés.

(*Du* 1ᵉʳ *septembre.*)

J'ai appris, avec le plus grand plaisir, l'arrivée du maréchal duc de Raguse, avec des pouvoirs extraordinaires pour les deux divisions.

Si la mission de M. le maréchal est de voir par ses propres yeux l'état des choses, d'en rendre compte au ministère, et de fixer son opinion sur des faits sur lesquels on a cherché à lui faire naître des doutes, personne ne doit plus que moi s'en applaudir ; car je ne craindrai jamais de mettre au grand jour, et mes principes et ma conduite, et je ne pourrai que m'estimer heureux d'en avoir un témoin de plus, et un témoin surtout du mérite et du talent de M. le maréchal.

Si cette mission, au contraire, était motivée par des craintes ou des inquiétudes que le Gouvernement concevrait encore sur la situation du département, je crois pouvoir assurer que cette mission, sans être moins utile, serait moins nécessaire; car le département jouit, dans ce moment, d'une grande tranquillité.

Sans doute après que la foudre a éclaté, le tonnerre peut gronder encore, et on ne peut se dissimuler qu'à diverses époques des bruits de nouveaux mouvemens se répandaient, et retombaient pour recommencer encore. L'autorité ne devait ni les accueillir ni les repousser trop légèrement. La leçon qu'elle avait reçue lui était encore présente : mais elle les appréciait, elle les jugeait; en faisant part de ses impressions à l'autorité supérieure, elle remplissait un devoir.

Il est facile, après sept mois, de juger les événemens ; de supputer le nombre d'hommes qui ont figuré dans une émeute populaire, de les réduire arbitrairement, et de calculer au juste le nombre de gendarmes qui eût été nécessaire pour l'arrêter. Mais l'autorité qui doit agir ou avant ou pendant l'événement, qui a à former son opinion, au milieu de tant de renseignemens ou exagérés ou controuvés, qui doit également calculer ce qui est et ce qui est possible, parce que tout ce qui est possible dans des mouvemens de ce genre, peut arriver ; l'autorité, disons-nous, se trouve placée dans une position moins facile que celui qui raisonne après l'événement. Nous ne doutons pas que ceux qui le voient aujourd'hui avec tant de sang-froid, n'en eussent eu beaucoup à ce moment ; qu'ils n'eussent pris de meilleures mesures ; qu'ils n'eussent su déterminer le point juste où le mouvement pouvait naître, et celui où il devait s'arrêter. Pour nous qui avons été moins heureux, nous avons pensé que tout ce qui, dans un moment de misère et de souffrance, pouvait donner un ébranlement quelconque à la masse de la population, devait être soigneusement ou prévenu ou arrêté. Le Gouvernement a jugé dans le temps ces mesures ; l'opinion peut les juger aujourd'hui.

On a relevé avec indignation quelques excès de la force militaire, et je ne puis dissimuler qu'il y en a eu. L'autorité les a-t-elle vu de sang-froid ? C'est la seule responsabilité qui puisse peser sur elle.

La coupable conduite du détachement envoyé à Saint-Genis-Laval a donné lieu, dès le premier moment, à une lettre au général, où je lui demandais justice, et à une réponse du général, où, en annonçant qu'il partage ma juste indignation, il me prévient qu'il fait traduire devant un conseil de guerre le commandant de ce détachement. Je dois ajouter qu'immédiatement après le jugement qui l'a acquitté, le général est venu lui-même réclamer auprès de moi des pièces relatives à un abus d'un autre genre que je lui avais dénoncé, et que, sur la production de ces pièces, le commandant de ce détachement a été une seconde fois traduit au conseil de guerre.

A l'égard des réquisitions qui ont eu lieu, je ne puis mieux y répondre que par ma lettre aux maires, dans laquelle je les préviens que je rendais responsables les chefs de détachement de tout ce qu'ils exigeraient au delà du tarif fixé pour la nourriture des troupes : c'est tout ce qu'il est nécessaire de produire de la volumineuse correspondance qui a eu lieu à ce sujet. Les maires savent qu'il n'y a pas eu une plainte qui n'ait été immédiatement répondue, comme il n'est pas un seul habitant du département qui ne rende témoignage que jamais accès plus facile ne fut ouvert à toutes les demandes, à toutes les plaintes, à toutes les réclamations.

A MM. les Maires du département du Rhône.

..... Je sais, M. le maire, que sur divers points il a été fait, sans doute par méprise, des réquisitions de souliers et d'objets d'équipement. Cette mesure a été hautement improuvée par M. le général commandant la division. Vous ne devez déférer à aucune, et me prévenir immédiatement de celles qui vous seraient adressées. Les règlemens ont déterminé ce qui est dû aux troupes en marche. Elles doivent s'y tenir rigoureusement.

Recevez, etc.

M. le maire, je suis prévenu que dans votre commune, et dans les communes voisines, il est fourni aux troupes en détachement des rations beaucoup plus fortes que celles qui sont réglées par l'ordonnance de M. le lieutenant-général Canuel.

Il en résulte une surcharge pour les communes, qui deviendra difficile à régulariser.

M. le général Canuel ayant établi un règlement dans lequel est fixé ce qui doit être fourni aux troupes, c'est à MM. les maires à le faire observer. Dans le cas où les soldats feraient des demandes plus considérables, vous devez, M. le maire, vous borner à fournir ce que comporte ce règlement, en déclarant aux commandans des détachemens, s'ils poussaient leurs prétentions au delà , que les dépenses qui excéderaient , ne pourraient qu'être laissées à la charge du détachement.

Veuillez , etc.

Signé comte CHABROL.

Je ne parlerai pas de ces rôles de prestation en nature, pour l'entretien des chemins, qui se trouvent transformés en corvées, au profit des maires. Il est permis à un homme qui n'a jamais connu ce que c'est que l'administration, d'ignorer que ces rôles ont été autorisés par les instructions et par les ordonnances, et qu'il a été fait, il y a peu de jours, à la Chambre, une proposition pour les convertir en loi.

Je ne m'occuperai pas non plus de justifier cette administration *malfaisante* qui a fait de tous les maires autant de tyrans, et du magistrat supérieur un despote. La conscience publique de tout le département se soulèvera d'elle-même pour repousser une allégation démentie par l'expression la plus générale de l'opinion, et par les votes annuels des conseils-généraux qui ont voulu consigner à chaque session des témoignages trop flatteurs pour le chef de l'administration, pour qu'il se permette de les rapporter ici.

Je ne m'arrêterai pas enfin à ces accusations vagues de destitutions arbitraires ou d'épurations rigoureuses; il n'est personne dans le département qui ne sache que nulle part cette réaction reprochée si vivement aujourd'hui, ne se fit moins apercevoir; et s'il en fallait une preuve, je n'en demanderais pas d'autres que les plaintes mêmes dont cette modération fut le motif ou le prétexte auprès de tant de gens qui auraient voulu faire épouser à l'administrateur supérieur, ou leurs passions, ou leurs prétentions.

Dois-je apprendre à ceux qui n'ont pu entendre sans effroi le reproche d'avoir encombré de prisonniers *toutes les caves* de l'Hôtel-de-Ville, que la prison dite *cave* de l'Hôtel-de-Ville, parce qu'elle forme le rez-de-chaussée de ce superbe bâtiment, est le lieu de dépôt de la police municipale, et que c'est là que sont conduits momentanément les prévenus des délits d'escroquerie et de vagabondage qui comparaissent tous les jours devant le tribunal de police, pour être ensuite mis à la disposition de leurs juges naturels? Que si cette prison, où j'ai vu habituellement entreposés quarante ou cinquante détenus dans des temps ordinaires, en a renfermé un plus grand nombre dans les derniers événemens, c'est que la police municipale et la police générale qui y faisaient leur instruction préparatoire, ont pu retenir plus long-temps, dans ce lieu de dépôt, des prévenus qu'il eût fallu extraire tous les jours de prisons éloignées.

Le désarmement opéré dans un département où

s'était manifesté un mouvement insurrectionnel, est une opération justifiée sans doute par les circonstances qui venaient de se passer. L'autorité supérieure agit, dans ce cas, par les ordres généraux qu'elle donne. S'il y a des abus dans l'exécution, elle y pourvoit; et si elle ne peut pas toujours les prévenir, elle peut au moins les réprimer. D'après les états qui ont été remis, le nombre de fusils déclarés a été de trois mille deux cents, et seize cent quatre-vingt sont restés entre les mains des propriétaires, sur leur simple déclaration Cette même opération, faite au mois de mars 1816, d'après des ordres précis, avait fait rentrer dans les arsenaux du gouvernement quatre mille cinq cents fusils de munition.. Que les hommes raisonnables jugent ce qu'eût produit cette masse d'armes, dans les mains de paysans insurgés!

J'ignore s'il a été enlevé à des officiers jusqu'à leur épée. Ce que je sais, c'est que consulté par deux maires, si la rigueur du désarmement devait aller jusque-là, je leur ai répondu que des militaires français ne rendaient leur épée qu'avec la vie, et que je les ai chargés, dans le cas où elle leur aurait été enlevée, d'aller eux-mêmes la leur remettre.

Un fait plus grave a été allégué: c'est celui de deux coups de fusil tirés par des sentinelles du poste des prisons. L'un de ces faits a eu lieu le 8 juin, à six heures du soir, dans un moment où un mouvement prononcé d'effervescence se manifestait parmi les prisonniers détenus à la maison de Roanne; l'autre dans les premiers jours de septembre, aux prisons de Saint-Joseph. La sentinelle, interrogée, a prétendu avoir été provoquée par des pierres jetées d'une des fenêtres de la prison. C'est dans le rapport que je fis au même instant au maréchal duc de Raguse, arrivé depuis deux jours à Lyon, que l'on trouvera l'exposé des faits. Je n'ai rien à y ajouter, si ce n'est que je me suis assuré, depuis, qu'une consigne imprudemment donnée, un an auparavant, par un officier de place, fût immédiatement retirée par le général, sur les plaintes vives que je lui adressai. Je joins ici le rapport.

M. le Maréchal,

« J'ai l'honneur de rendre compte à Votre Excellence d'un fait grave qui s'est passé ce matin à la prison de Saint-Joseph.

« Un prisonnier prenait l'air à la fenêtre ; il était derrière des grilles et un auvent : il n'y avait par conséquent aucune crainte d'évasion. La sentinelle placée dans la rue lui a immédiatement tiré un coup de fusil, et la balle lui a blessé grièvement le bras.

« Cet événement, qui n'était pas provoqué, a produit une grande exaspération parmi les prisonniers. Quelques morceaux de briques ont été lancés par les fenêtres. Il y a été répondu par quatre coups de fusil, dont deux ont blessé deux prisonniers, et l'autre a failli tuer le concierge qui allait parmi eux pour remettre l'ordre.

« Aussitôt que j'ai été prévenu de cet événement, je me suis transporté à la prison, et j'ai trouvé les prisonniers dans un grand état d'exaspération. Je me suis présenté seul parmi eux, et le calme a été subitement rétabli.

« En sortant de prison, j'ai demandé au commandant du poste de me représenter la consigne écrite qu'il avait dû avoir à ce sujet. Il n'a pu m'en représenter aucune, et a fini par me dire qu'il y avait une consigne verbale.

« J'ai requis le commandant de faire consigner les soldats qui se sont permis de faire feu, jusqu'à ce que j'eusse fait mon rapport à Votre Excellence.

« Une consigne de ce genre avait été donnée, il y a quelques mois, par le commandant de la place. Je lui avais écrit officiellement pour lui faire observer que cette consigne, qui laissait tout soldat maître de décider de la vie d'un homme, était opposée à tous les principes.

« Sans doute, M. le Maréchal, dans un moment de révolte la force armée est autorisée à tirer sur des prisonniers qui seraient au moment de s'évader ; mais une pareille mesure ne doit être prise qu'après avoir épuisé tous les autres moyens de les rappeler à l'ordre,

« Les prisonniers doivent être considérés comme des enfans mutins ; ce n'est qu'après avoir épuisé les voies de la douceur qu'on doit avoir recours aux mesures extrêmes.

« J'ai vu dans les prisons de cette ville des révoltes très-dangereuses, surtout dans le moment du passage de la chaîne. Je me suis toujours transporté seul au milieu de ces mutins, et l'ordre a été rétabli par ma seule présence.

« Je prie Votre Excellence de vouloir bien se faire rendre compte des faits, et de prendre telles mesures qu'elle jugera convenables dans sa sagesse.

« Je suis, etc.

« Signé comte CHABROL. »

Il eût été juste peut-être que l'auteur de l'écrit fît au moins mention de ce rapport (1).

Je ne m'expliquerai pas moins franchement sur un fait qui m'est personnel, et dont il est convenable à mon caractere de réclamer pour moi toute la responsabilité, l'arrestation du nommé Blanc, employé comme agent secret de police.

---

(1) Je dois ajouter qu'il est résulté de la procédure instruite à ce sujet, que le prisonnier avait été sommé trois fois de se retirer, et qu'il avait été lancé, du haut de la prison, des morceaux de briques sur le poste de garde ; qu'il n'y a eu d'ailleurs qu'un seul prisonnier blessé. Ce rapport, fait sur des premières données, renferme quelques inexactitudes.

Ce n'est qu'avec cette répugnance naturelle à tout homme honnête qui voit dans la police une fonction et non un métier, que je me suis déterminé à employer ces moyens de surveillance, auxquels le malheur et l'immoralité des temps condamnent quelquefois l'autorité.

Je déclare donc ici solennellement que, pendant trois années d'administration, je n'ai jamais employé aucun agent secret de police; que celle des campagnes s'est faite constamment par le moyen des maires ou des adjoints; celle de la ville par le magistrat chargé de cette partie, auquel j'ai exactement remis toutes les notes et tous les renseignemens qu'un zèle quelquefois plus officieux qu'éclairé fait parvenir à l'autorité.

Après les événemens du 8 juin, les circonstances me parurent nécessiter d'autres mesures. Trente contumaces étaient en fuite, et parmi eux se trouvaient les nommés Garlon, Jacquiet, Lepin, Oudin, qu'on avait vus tous à la tête du mouvement dans leurs communes.

Je regardai comme indispensable d'envoyer dans le département quelques agens secrets. L'un était un garde-champêtre intelligent; l'autre un ancien commissaire de police; le troisième un nommé Blanc, déjà connu par de pareilles missions, et ayant reçu des autorités qui l'avaient employé des certificats qui attestaient au moins son zèle et son activité.

Cet essai ne fut pas heureux; et je dois l'avouer.

Je n'ai eu aucune plainte à faire contre le premier de ces agens.

Le second, après m'avoir adressé des notes dont quelques-unes me parurent dignes de quelque attention, me fut dénoncé pour un acte arbitraire; et, d'après les renseignemens qui me furent remis par le maire d'une des communes du département, je fis le renvoi au procureur du Roi de Villefranche des pièces qui me furent adressées à sa charge.

Je cessai immédiatement de l'employer.

Le troisième, beaucoup plus actif et plus intelligent, et l'un des hommes dont il serait possible de tirer le plus de parti pour de semblables missions, me remit beaucoup de notes, dont quelques-unes, plus dignes d'attention, furent remises à la police; les autres restèrent ensevelies dans ces cartons où viennent s'enfouir tant de renseignemens de ce genre.

Certes, sa mission n'avait rien de bien mystérieux, puisque le carnet où il consignait tous ses rapports se trouve visé jour par jour de la main des adjoints et des commissaires de police des communes où il se présentait.

Prévenu par le sous-préfet de Villefranche que cet homme s'est trouvé compromis par une imprudence, je lui écris de suite « de faire prendre des « renseignemens exacts sur son compte, afin que je

« puisse le renvoyer, s'il n'a été qu'imprudent, et le
« faire traduire aux tribunaux, s'il a été coupable. »

Je laisse à la conscience de ceux qui ont cru devoir donner un grand éclat à son arrestation, de s'en
expliquer eux-mêmes les motifs. Mais s'ils osent prétendre que je l'ai réclamé, et que j'ai voulu le sous-
traire aux poursuites de la justice, j'ai entre les mains
de quoi les confondre.

« Autorisé par le Ministre à disposer moi-même
« de cet agent, mon intention est de le faire traduire
« aux tribunaux; et quoique je ne me dissimule pas
« à moi-même le mauvais effet qui en résultera pour
« les moyens de police qu'on est quelquefois forcé
« d'employer, c'est par un scandale que je me vois
« réduit à combattre un scandale plus grand en-
« core. Je ne veux pas qu'il reste rien de louche dans
« cette affaire, et je ne craindrai pas de comparaître
« moi-même comme partie devant les tribunaux,
« pour provoquer la punition d'un agent qui aurait
« méconnu mes instructions : car je ne lui en ai
« donné aucune de ce genre. » (*Rapport à M. le
maréchal duc de Raguse, du 7 septembre 1817.*)

« Je remercie Votre Excellence d'avoir fait met-
« tre Blanc à ma disposition. J'écris à M. de S....
« de m'envoyer les procès-verbaux et les interro-
« gatoires, qui sont restés jusqu'à ce moment mys-
« térieux pour moi.

« S'ils compromettent cet agent, je le dénoncerai.

« moi-même au procureur du Roi. Je ne crains pas
« la publicité. Dans ce cas, elle ne pourra être qu'un
« remède à une publicité plus grande, et qui a passé
« la mesure du scandale. » (*Lettre au ministre de
la police, du 1ᵉʳ septembre 1817.*)

« Sans doute il y a des moyens de police qui répu-
« gnent à une âme honnête; mais quand il est consa-
« cré en principe qu'il faut une police dans un grand
« état, il faut bien la faire avec les moyens qui lui
« appartiennent. Quelle est l'autorité qui peut se ré-
« pondre assez des vils agens qui se livrent à ce mé-
« tier, pour être assurée qu'ils ne dépasseront pas la
« mesure? L'autorité n'est point responsable des rap-
« ports qu'elle reçoit, mais seulement de la suite
« qu'elle leur donne; et, sous ce rapport, je n'ai pas
« de justification à faire, et personne ne peut être
« fondé à m'en demander. » (*Lettre au ministre de
l'intérieur, du 20 août 1817.*)

Ces procès-verbaux ne m'ont point été remis, et
Blanc était encore en prison au moment où j'ai quitté
Lyon. Y est-il encore? Je l'ignore; mais je con-
serve soigneusement un rapport que cet homme m'a
fait remettre, et où il expose toute sa conduite depuis le 8 juin, que j'ai commencé à l'employer, jusqu'à son arrestation.

Y a-t-il eu de la pudeur à affirmer d'une manière
aussi positive, que cette foule d'agens, arrêtés par
une autorité, était immédiatement réclamée par

d'autres, et que, par l'effet d'une sorte de magie, les bruits de mouvement se calmaient, ou reparaissaient du moment qu'ils passaient le seuil de la prison.

Je n'ai jamais connu ni vu le nommé Brunet, qui est également cité. Je sais seulement qu'employé par un adjudant de place, pour la police des militaires, il a été arrêté, relâché, arrêté encore, et traduit devant la cour prévôtale, renvoyé par elle, parce qu'elle ne trouva d'autres pièces à sa charge, que son nom et son mandat d'arrêt, et arrêté encore de nouveau après son renvoi.

Je le demande à tout homme de bonne foi, quelle est l'autorité qui a pu quelquefois n'être pas trahie dans sa confiance; et quelle est celle qui, dans ce cas, n'a pas senti que le premier devoir était de couvrir d'un voile épais ces mystères honteux de la civilisation moderne ? (1)

J'ai passé rapidement en revue toutes les allégations consignées dans un écrit qui fera époque dans les annales du scandale. J'ai rétabli les faits qui ont été dénaturés, repoussé ceux qui sont controuvés; je suis convenu de ceux qu'on ne peut nier sans trahir

____

(1) Il est assez singulier que ce soit M. Canning lui-même qui, dans la séance du Parlement, du 11 février 1817, nous fournisse une réponse aux reproches qui nous ont été faits. (Voy. le *Journal du Commerce*, du 18 février.)

la vérité. J'ai prouvé que le système qui veut faire du mouvement du 8 juin un mouvement controuvé, était démenti par tous les faits, par toutes les probabilités, par toutes les vraisemblances. Qu'une coalition entre toutes les autorités, les cours et les tribunaux, pour égarer la religion du Gouvernement, était une supposition aussi absurde qu'insensée. Que l'unanimité des fonctionnaires civils, administratifs, judiciaires, députés, loin d'inspirer une juste méfiance, comme n'a pas craint de l'avancer l'auteur de l'écrit, était faite au contraire pour donner la plus grande sécurité, parce qu'on se trompe rarement lorsqu'on se dirige dans le sens de toutes les probabilités morales. Je me suis occupé des choses, et j'ai évité soigneusement tout ce qui pouvait être relatif aux personnes, parce qu'il n'est pas dans mon caractère de descendre jusqu'aux personnalités. Je ne me suis point occupé de la mission d'un fonctionnaire d'un rang élevé, parce que c'est au Roi qu'il a dû en rendre compte, et que c'est à S. M. qu'il appartient de la juger. Je terminerai en me demandant, et en demandant à tout ce qu'il y a d'hommes sages et raisonnables, si l'auteur de l'écrit a cru rendre un service à son pays, en lançant, au milieu des circonstances où nous nous trouvons, un brandon de discorde qui a pu ne produire ici que du scandale, mais qui, répandu dans un département où toutes les passions ont été si vivement excitées, ne peut que rallumer les haines , ranimer les souvenirs, exciter l'indignation chez les uns, l'exaspération chez les autres.

Moi-même, forcé de combattre un scandale par un scandale , pour me servir de l'expression que j'employais dans une circonstance analogue, je me suis vu réduit à rompre un silence que ma position, que peut-être mon devoir me commandait. Mais s'il est des circonstances qui fléchissent sous des considérations très-graves , il en est aussi qui n'en admettent d'aucun genre. Homme privé, j'aurais pu me taire ; homme public, j'ai dû parler. Dans le premier cas, on eût expliqué mon silence ; dans le second, ou l'eût mal compris.

Paris , le 15 février 1818.

Paris , A. ÉGRON, Imprimeur de S. A. R. Monseigneur, Duc d'Angoulème , rue des Noyers , n° 37.